歴史文化ライブラリー

38

鉄道と近代化

原田勝正

吉川弘文館

目次

プロローグ——鉄道と文化の近代化

1

わたくしは、この本で、日本の鉄道が日本の近代化において果たした役割の検討を中心テーマとして考えたいと思います。

鉄道は「文明の利器」として導入されました。鉄道という新しい輸送手段は、経済の発展や生活の向上に大きな役割を果たしました。これは近代化の上での最初に考えられる役割です。しかし鉄道には、これにとどまらず、日本の社会に新しいルールを持ち込んできました。誰もが何の妨げもなく駅に入り、乗車券を買えば、移動の権利を平等に保障され、客車の中では支払った金額による等級の違いはあっても、誰もが平等に旅客としての権利を認められます。そこには移動の権利という近代社会における基本的人権が実現しました。

これが近代化の上で考えられる第二の役割です。

この二つの役割を、わたくしたちは見落とすことはできません。そしてとくに「文明の利器」として鉄道を見るだけでなく、移動の権利を保障するという鉄道の役割を重視しなければならないと思います。このように見てくると、鉄道は単に「文明の利器」という狭い意味での近代化だけではなく、人権の保障という広い意味での近代化をもたらす力を持っていたことがわかります。そしてこのような機能を持つ鉄道が日本の社会に定着していくと、そこには、それまでなかった新しい文化が芽生え、育っていきました。そこで、この本では、鉄道と文化とのかかわりについても、できるだけ触れたいと思います。

文化というと、鉄道は輸送手段なのだから文化とは関係ないのではないかと思われるかもしれません。また「鉄道と文化」というと、文学に現われた鉄道とか、映画に登場した鉄道というイメージを描く人もいるかもしれません。しかし、わたくしが考えている文化という概念は、文学とか芸術とか、いわば常識となっている狭い意味での文化ではありません。人が自然にはたらきかけて、新しいものをつくり出すというヨーロッパにおける文化概念の、もともとのかたちから出発して、それに人と人との交流をつけ加え、そのはたらきかけや交流の推移、そこにつくり出される成果をふくむ広い意味を持たせようというのが、わたくしの立場です。

鉄道は、まったく異質の文化として導入されました。しかし、日本人はこれを使いこなし、自分のものとしていきました。「文明の利器」としての機能や社会のルールはもちろんですが、鉄道の技術についても同じことが言えます。機関車を自分の力でつくりあげる製作技術の自立は、計画・設計の技術者、素材を加工し組み立てる労働者、ひとりひとりの作業能力の成長によってはじめて実現した成果です。また測量のさいに、地形という三次元の空間を二次元の平面図に描く作図、列車の運行という四次元の世界を、これも二次元のダイヤグラムに描く作図、これらも導入した技術を自分のものとすることによって、文化の水準を押し上げていきます。鉄道のシステムは極めて複雑なものですから、技術が自立していく過程で想像以上に多くの成果が生まれ、それが新しい文化の母胎ともなっていきました。

さきほど、鉄道は「文明の利器」という狭い意味での近代化だけでなく、権利の保障という広い意味での近代化を推進したと述べました。この近代化推進力のなかに、新しい文化を生み出す契機があったことはもちろんですが、そのほかにも、いま述べたような鉄道技術の自立に、近代日本の文化の変容・進歩を推進する契機があったと思います。

こうして、鉄道と文化とのかかわりは、鉄道の歴史のさまざまな局面から引き出すことができるのですが、わたくしがこのような鉄道と文化とのかかわりを考えるようになったひとつの動機は、鉄道と自動車との違いです。よく蒸気機関車は、そのダイナミックな姿で、つよい郷愁をさそうと言われます。また駅には、そこに集まり、通り過ぎていく人々の心の拠りどころがあると言われます。それは、鉄道が一二〇年を超える歴史の中で、人々の心情や生活意識にしっかりと根をおろしたことを示しています。そこに文化の現われを感じることができます。しかし、自動車は、クルマ社会と言われるほどの普及を見せながら、まだその歴史は浅く、また駅のように心の拠りどころとなるようなものを持っていません。そのうえ、公害・交通事故を考えていくと、自動車は、鉄道のような文化をつくり出すことができるかという疑問がわいてきます。このようなクルマ社会の将来を見通すためにも、鉄道と文化とのかかわりをしっかりと見定めたいと考えるようになりました。

このような関心から、この本では鉄道と近代化とを中心テーマとし、鉄道と文化とのかかわりについても触れるかたちで話を進めることとします。

異文化としての鉄道

車輪とレール

車輪の誕生

鉄道の最も基本的な要素は、いうまでもなく、線路と車両です。ここでは線路を中心に考えることにしますが、その前に、人や物を運ぶ車両と、車両が線路と接する部分である車輪の成立から考えることにします。車輪がいつごろ発生してきたかというと、いろいろな説がありますが、だいたい今から二五〇〇年から三〇〇〇年くらい前に、ものを運ぶのに最も効率の良い輸送手段として、車で台を支え、台の上にものを載せて運ぶという方法を思いついたところから始まります。運搬に際して、車輪が地面との摩擦《まさつ》抵抗を少なくすることに気がついたのです。それは今わたくしたちが見ているような車輪ではなく、おそらく木の幹を輪切りにして、その上に台を乗せて転がしたのでしょう。その車輪を取り付けた車両が登場する前に、まずコロが造られたと考えられます。コロは木の幹を何十本も用意して、その上に板を乗せて転がしていく、ある一定のところまで行くと、通り過ぎてしまったコロを前のほうに運んで、そして次々に転がすという方式です。そうすることによって、重いものを少ない抵抗で運ぶことができるわけです。しかし、そのためには何十本もコロを用意して、そのコロを次々に運ばなくてはならない、という問題が出てきます。そこで、台の下に木の幹でつくったコロを取り付けることができないかと考えます。そうすれば何本もコロを用意しなくてすむ。しかし実際に台の下に木の幹を取り付けるとしても、取り付け方がむずかしい。木の幹は、そのまま台に取り付けられません。木の幹の回転の中心（軸）と台とをどのようにつなぐかが問題です。長い木の幹に軸を通すことはとてもできません。どうしたらよいか。そこで木の幹を輪切りにして、そこに軸を通せばよいということに気がつきます。そして、台の下に軸受けを取り付け、そこに車軸を通せばよい、ということになります。ここで車両が成立します。

次の課題は、車輪の大きさを自由に決めることです。木の幹は、与えられた直径しかありません。必要な大きさの車輪を作るのにはどうすればよいか。そこでタイヤという考え方が生まれます。タイヤというのは、おそらく木の枝か何かをぐるりと曲げて円を作り、そしてその円が歪《ゆが》まないように、中にスポーク（骨）を入れ、そのスポークを円の中心のところで軸に取り付ける。これで思い通りの大きさの車輪ができます。円周の作り方が問題ですが、最初は木の枝などを取ってきて、誰かが中心になってその木の枝を押さえる。そして、ぐるりと一回りさせると、そこに円が描けます。その円周に合わせてタイヤの素材を曲げればよいということに気がついていったのでしょう。そういったかたちで作られた円周は、日本の遺跡にいくつか残っています。ストーンサークルといわれるものです。それを小さくしたものが、車の円周になります。

タイヤとスポーク

こうして、描いた円周に沿って素材を曲げればタイヤができます。

そして円周のどの部分にも同じ力が働くにはどうしたらよいかということから、日常生活で私たちが使っている傘のような形のスポークが考えられてゆきます。傘は、最低六本から八本のスポークを使えば十分に支えることができますが、いろいろな本数が検討されて、なるべく小さな角度で支える、すなわち多い本数で支えるほうが有利であるという知識が生まれたと思われます。中心からのびるスポークで支える車輪が成立してくるのは、だいたい今から一五〇〇年から二〇〇〇年くらい前ではないか。こうして今のような車が成立するまでに、二〇〇〇年くらいかかっていると思われます。

そして現在、たとえば電車などの車輪はどんな形をしているでしょうか。タイヤと軸との間でタイヤと軸をつなぐ部分を輪心と言いますが、そこがスポークなしで面になっているものがあります。タイヤの部分と軸とを面で結んでいるものです。そうすれば、どの部分にも同じような力が働くということですから、タイヤを支える方式としては理想的です。タイヤと軸をつなぐスポークは、どのような方式が一番よいかという問題については、電車のような直径が小さな車輪と、機関車のような直径の大きなものとでは、当然違いがあるはずです。機関車の場合はどうか。蒸気機関車の場合、ドイツで造られた蒸気機関車では、非常にたくさんのスポークを使っていました。イギリスでも同じです。しかしアメリカでは、スポークではなくて、穴を開けた面を使っていました。タイヤと軸との間に、二重の板というか、一枚の板の中をがらんどうにして、三つか四つの穴を開けたものをはめます。ですから、一つの箱のようなものが、タイヤの内側にはめられています。このほうが、傘のようなスポークよりも、はるかに力が大きい。こういうものを、箱形輪心＝ボックススポークと呼びます。日本の蒸気機関車では、D五一以後の大型蒸気機関車で採用しています。この方式の、穴をつぶしてしまったのが、今の電車などに使われるようになった輪心といってもよい。ですから、スポークの歴史ひとつを取ってみても、非常にたくさんの問題がでてくるということがわかります。*

＊　鉄道車両の車輪は、現在ミリ単位で作られる機械ですが、その話をする前に、車輪とレールとの関係を考えることにしましょう。今、電車に乗って気になることがあります。それは、走行中にレールを叩くような音が一定の周期で聞こえてくることです。これは、車輪の円が歪んでいることによるものです。円が歪むと、回転するときに長い直径と短い直径の差が生じてしまいます。そうすると、レールを叩く音がするわけです。これをタイヤフラットと呼びます。これが事故のきっかけになる恐れもあるわけで、なるべくタイヤフラットを起こさないようにしなければならない。正しい円に近いものを作っておかなければいけないのですが、使っているうちに歪みが出てくるために、そうした音がしてくる。その歪みは何ミリまで許されるのかという問題がある。新幹線では二ミリ以下、在来線では約三ミリくらいでしょうか。タイヤフラットを起こしている場合は、二ミリや三ミリを超えてしまっているということです。ですから、鉄道の車輪は、その意味で精密機械なのです。車輪の線路に当たる部分を踏面《とうめん》といいますが、その踏面を絶えず削って歪みを直しておく必要がある。そうした作業をおろそかにすると、歪みが生じてしまうことがあるのです。ですから、車輪の直径八六〇ミリとか九一〇ミリのうちの二ミリくらいの歪みが出たら、もういけないというように考えなければいけない。その踏面がレールに接する箇所によっても、随分と違いがあります。この接する部分は、だいたい点といってよい。平面と平面が当たっているということは、ほとんど有り得ない。この踏面は直線で、レールの頭の部分も直線で、その直線と直線が接する部分が面であるということは考えられない。点で接しているから、回転するときは線で接しているということになります。その線

は直線であるとは限らない。電車は揺れます。レールにも曲線があります。いつも左右に動いていると考えてよい。また、踏面からいうと、上下に動いているということも考えられます。ですから、どこに歪みが出ているかということについて、いつも調査しておかなければなりません。ですから、削るときは面で削らなくてはならない。面で削って、どこが当たっても歪みがないようにしておくことが要請される。これが削り方の難しいところです。そうした削る技術は、現在はかなり高度なものとなっていて、コンピュータではじき出すことができます。そうして、どこから取っても精密な円が維持できるようにしています。そこが、自動車と決定的に違うところです。自動車にはそうした要請はさほどありません。平面の上を走っているわけですから、それほど厳密に決める必要はない。相当な高速運転をしない限り、そうした要請は多くはないと思います。鉄道では、およそ時速七〇キロを超えて走る場合には、こうした問題をいつも考えておかなければならないのです。以上、車輪の歴史から説き起こしてきたわけですが、その車輪というものは、現在一ミリ、二ミリを争う精密な機械として成立するに至ったということを、覚えておけばよいと思います。

レールの発明

ここで線路の問題に入りましょう。線路の中でまず考えなければならないのはレールです。レールこそ鉄道独特の構造をつくり上げた構造物です。そこでレールの成立から見ていくことにします。

地上を走っていた車が、なぜレールの上を走るようになったのか。確かに車は、重いものを少ない抵抗で移動させることができるという、大変有利な運搬手段であるということがわかりました。この有利な方法を、もっと能率の高い手段として使うことができないだろうか、ということが、ひとつの社会的要請として出てきます。どこからそういった要請が出てきたかというと、それは中世のヨーロッパの鉱山でした。鉱山には、地面の下に鉱脈があって、鉱石を地上に運び出します。そのためには、かなり急な勾配を引き上げなければなりません。それから、鉱山の坑道は、あまり大きなものを掘ると崩れてしまうので、かなり小さな断面のものを掘っていて、そのような坑道を車に鉱石を積んで運び出すのですから、大きな力が必要となります。それから、坑道の断面積は小さいから、車が上下左右に揺れると、壁とぶつかる恐れがあります。そこで、急な勾配を能率良く、少ない力で運び上げることができないか、そして同時に動揺を少なくして左右にぶつからないようにするためにはどうしたらよいか。そのためには、走行抵抗をさらに少なくするのに、その車を何か特別に造った一定の道の上に乗せたほうがよい。そしてその道は、左右に揺れないように揺れ止めを造ったほうがよいという考えが浮かんできました。そうして、左右に揺れ止めをつけた板というものが生まれてきたのでしょう。とにかく、このような運搬法は、坑道の地面を運ぶより、はるかに抵抗が小さくなります。そのようにして特別に造った道をレールと呼ぶようになりました。

しかし、これが木製の板の場合、重いものを運ぶのには、よほど厚い板でなければなりません。それから、板にしておくと、割れてしまう恐れがあるので、板ではない、重い負担に耐えられるもの、たとえば二本の丸太を並べて車をその上に乗せたらどうかと考える。こうしてレールの原形が作られます。しかし、丸太では左右に外れてしまう恐れがあるので、レールか車に揺れ止めを造る方向に進みます。こうして、レールには、いろいろな形が生まれてきました。鉄製のレールが造られるのに、およそ三〇〇年くらいかかったのです。これが最終的に決まったのは、一八世紀の前半といってよいでしょう。

脱線防止の工夫は、車輪にフランジという出っぱりをつけることで完成しました。このような踏面の形はイギリスで世界最初の鉄道が開業した頃に決まってきたといってもよいでしょう。しかし今でも、踏面の形は、必要に応じてさまざまなかたちのものが作られます。たとえば鋼索鉄道（ケーブルカー）では、片方がH断面で、片方はフラットというものがあります。

レールの形も、「工」という字の形に決まってきましたが、これに決まるまで何十種類もの形が考えられてきました。要するに、板から始まって、丸太、鉄と変わり、同時にレールが車輪を力で支える機能と、脱線を防ぐ機能の二つが満足されてきたのです。レールにとっては、この二つが必要だったのです。

レールは、大きさよりも重さで規格を決めることが多く、これは世界でほぼ共通した規格というか基準があるといってもよい。それは、レールの長さ当たりの重さで表わし、一メートル当たり三〇キロなら三〇キロレールというように呼びます。各種のレールのうち、それほど列車の本数が多くないところでは、三〇キロや四〇キロのもの、大都市の電車が頻繁に走るところや幹線では五〇キロ、さらには六〇キロを使い、現在では電車の運転区間などでも六〇キロを多く使うようになりました。五〇キロレールと六〇キロレールの大きさは、さほど違いませんが、レールの継ぎ目の板に開いている穴が四つならば五〇キロ、六つならば六〇キロと、穴の数でほぼ見分けることができます。レール重量の増加は、列車の重さがどんどん重くなってきたことと、高速運転とにかかわりがあると考えてよいでしょう。*

* 中国では今、七〇キロレールを造り始めています。だいたい、社会主義といわれている国家では重いレールを使うことが多く、旧ソ連でも七〇キロレールを使ってきました。なぜそのような重いレールを造るのかというと、貨物列車の重量が三〇〇〇トンから四〇〇〇トンと大きいことによります。日本の貨物列車は最大一三〇〇トンくらいですから、その三倍の重量の貨物列車を走らせている。六〇キロレールでも弱いという問題が出てきて、レールの規格を高めなくてはならなくなってきているのです。ヨーロッパでも、だいたい六〇キロ。ちょっと半端が出て、六一・五キロとか六二キロという

ものもありますが、だいたい六〇キロが標準で、世界の鉄道は、だいたい五〇キロレールから六〇キロレールへと移行しつつあります。幹線の場合には、重量の増加とともにレールの大きさも大きくなり、高さが一五センチを超えています。

軌間の問題

次に、レールを中心に成り立つ線路の構造に進みますが、その場合にまず考えなければならないのは、軌間という問題です。軌間は、ゲージという英語の訳語です。ゲージという言葉には、軌間というよりは、主として物事を計る物差し、基準という意味がありますが、鉄道では、レールとレールの間の幅を計る意味に限定して使う習慣があります。

いったい軌間はどのようにして決められたのか、ということになると、非常に難しい問題がたくさんあります。国際的にごく一般的な軌間は、四フィート八インチ半という、ヤードポンド法によるものです。世界で最初に鉄道をつくったイギリスでは、ヤードポンド法を採用していたので、このような表示になったのですが、それにしてもこれはずいぶん半端な数値です。なぜ四フィートあるいは五フィートにしなかったのかということは、今でも謎とされています。

今では軌間というときは、二本のレールの頭の車輪が当たるところの間隔で計って決めているという例が多いようです。しかし、最初の頃は、レールの外側を基準にしたり、レールの中心の間隔を計ったりしたようです。*

＊　こういったいくつかの計り方のうち、どれが一番合理的か、しかも安全かという問題があります。というのは、車輪がレールの上を走る場合に、たとえばレールを乗り越してしまっては困る。それから、レールの内側に車輪が落ちてしまっては困る。そういったことを考えてみると、一番外側で計るとか、レールの中心で計るということは、あまり厳密とはいえません。やはり、車輪がレールに当たるところ、これは車輪が回転すると線になり、停止しているときは概念としては点になりますが、この線や点を基準として考えるという立場が、安全を確保する上で、最も適切であるという考え方が現在では通用しているようです。

四《フィート》八《インチ》半と決めたのは、本当はレールの一番外側を五《フィート》と決めたもので、五《フィート》と決めると、その内側のレールと車輪の当たるところは、四《フィート》八《インチ》半になる。そこから四《フィート》八《インチ》半というゲージが決まったという説もあります。これによると、最初に造ったときは五《フィート》だったということになります。それからまた、レールの中心から中心までを五《フィート》と決めたら、その内側が四《フィート》八《インチ》半になったという説もあります。いずれにしても、そういった半端な数字が出てしまったのは、どこかに割り切れる値があって、それを実際に運用する上で、半端な数字になってしまったというのが実情なのかもしれません。それから、古代のローマの道路に車を走らせる際に、浅い溝を付けて、その上に車を走らせた。この一組の車輪の幅が五《フィート》で、その内側が四《フィート》八《インチ》半だったという、もっともらしい説もあります。しかし、古代のローマと近代の産業革命の間に、どのような関係があるのだろうということを考えてくると、これもどうもあまり当てになりません。

鉄道が建設される前から、炭坑などでは炭車をレールに乗せて走らせていましたが、その軌間が四《フィート》八《インチ》半で、それが営業鉄道に採用され、standard gauge——標準軌間として認められたといういきさつがあるようですが、この標準軌間が、実際どのようにして決められたのかということは、イギリスやヨーロッパの国々における資料をもっと探してみなければ、結論は出せないように思われます。

さまざまな軌間

この軌間には、さまざまなものが造られました。イギリスでは、四《フィート》八《インチ》半の軌間では大きな列車を走らせることはできないという議論が出てきて、グレートウエスタン鉄道では、七《フィート》軌間を採用しました。また、同じイギリスの他の鉄道の中には、もっと狭いもので十分だというところから、三《フィート》とか二《フィート》六《インチ》などの軌間を採用したところもあります。これらはどれも割り切れる値です（一フートは一二《インチ》）。軌間については、一八五〇年代から六〇年代にかけて、盛んに論争が行なわれました。その論争のさなか、イギリスでは、すでにアジアの植民地などで鉄道を建設し始めておりました。そして、セイロン島（現・スリランカ）やマレー半島（現・マレーシア）では、四《フィート》八《インチ》半という鉄道では広すぎる、もっと狭い軌間を採用しようということになって出てきたのが、三《フィート》六《インチ》という軌間です。この三《フィート》半の軌間が、日本で鉄道を造るときに、そのまま入り込んできました。現在の日本の鉄道の基本的な軌間は、植民地における鉄道輸送のあり方を考えて決められた軌間であるということになります。これをメートル法に直すと一〇六七《ミリ》という値になるのですが、メートル法が盛んに使われていくと、三《フィート》六《インチ》をメートル法に直した一〇六七《ミリ》の、六《センチ》七《ミリ》などという半端な値は切り捨てたほうがよいという考え方が生まれ、たとえばドイツがアフリカなどに植民地を作っていくという動きを示すようになると、メートル法の軌間の採用という動きも始まり、一《メートル》という軌間が採用されるようになります。いわゆるメーターゲージです。そのように見てくると、鉄道の軌間には二つの流れがあるということがわかります。イギリス流のヤードポンド法に基づいた基準と、ヨーロッパ大陸のメートル法に基づいた基準です。資本主義の生産機構には、規格化と大量化、たくさん造るためには規格を定めて、それに基づいて造ったほうがコストが安くなるというような要請があります。したがって、規格化・大量化は、資本主義生産における非常に重要なカギになります。その資本主義生産の中心になっていた国が、最初イギリスだったのですが、それがしだいにドイツとかフランスなどのヨーロッパ大陸の国々の生産が、市場の中で大きな力となっていくと、ヤードポンド法よりもメートル法のほうが、ものをたくさん造るには安上りで互換性を持つということになってメートル法の規格が広がっていきます。

日本の鉄道は、最初イギリスから技術も資材も導入しました。ですから最初はヤードポンド法を採用していました。しかし、第一次大戦が終る時期から一九三〇年（昭和五）までに、これを全部メートル法に変えました。十進法ではなく十二進法を採っているヤードポンド法では、いろいろな計算をするのに非常に厄介なので、世界全体の流れが十進法を採用しているメートル法に変わっていくという動きを示し、それが日本にも入ってきたのです。鉄道の線路の軌間のあり方も、そういった数え方の基準の歴史のあり方の上にあるのだということを考えておく必要があります。

軌間の政治的意味

この軌間は、鉄道輸送の経済的意味だけでなく、政治的意味をも持っています。この四フィート八インチ半は、標準軌間としてヨーロッパ各国に広がっていきました。しかし、スペインでは四フィート八インチ半を採用していません。それから、今のロシアを含む元のソ連の国々でも四フィート八インチ半を採用せず、スペインもロシアも五フィート軌間を採用しています。一《メートル》五〇《センチ》とか五二《センチ》というような軌間です。これはいったいなぜなのか。この問題を考えるには、政治の問題を考えなくてはいけません。スペインは、いつもフランスから攻撃を受けるという脅威を感じていました。そこで、標準軌間と異なる特別の軌間を設定しました。同じようにロシアも、ナポレオンによって侵略されたという経験を持っていて、標準軌間とは異なる軌間を採用したのです。それの逆手を取ったのが日本です。日本は、朝鮮や中国に勢力を伸ばしていくに当たって、朝鮮の鉄道を建設する利権を獲得すると、その時に朝鮮の鉄道の軌間をどうすべきかということが問題になりました。その頃になると、日本は鉄道の建設を自力で進めることができるようになっています。とすると、日本の規格をそのまま朝鮮に持ち込んだほうが、はるかに安上りだということになります。ところが日本は、当時中国で建設されていた鉄道の軌間である標準軌間を、朝鮮の軌間として採用すると決定しました。要するに、将来朝鮮から中国に勢力を伸ばしていく場合に、線路の軌間は統一しておいたほうが、はるかに有利であるという判断が、そこに働くわけです。このようにして、アジア、とりわけ東アジアの朝鮮や中国東北部を支配する上で、軌間を統一するということが、最も大切な要因となっていたことがわかります*。ですから、この軌間の問題は、このように戦争や政治の問題といろいろに絡み

合っているのです。＊＊

＊　これはずっと後の話ですが、日本が「満州」全土を支配して、さらにソ連に攻め込んでいこうということを考えたときに、ロシアが持っていた東清鉄道の線路をソ連から買い入れて、それを「満州国」の国有鉄道に変えてしまいました。そして国有鉄道に変えてしまうと、五フィート軌間を四フィート八インチ半の軌間に変えてしまう。それでも、ソ連と国境を接する綏芬河《すいふんが》と満州里《マンチューリー》では、ここから先は五フィート軌間ですから、列車を直接ソ連領内に入れることはできません。そこで、綏芬河と満州里には、常時数百両のソ連軌間の車両を準備しておいたといわれます。また貨車、客車、そして機関車は短い時間で四フィート八インチ半から五フィートに軌間を変更することができるようなシステムを作っておき、もしソ連に攻め込んでいくときには、数時間の内に列車を仕立てることができるような準備をしていました。

＊＊　日本の国内ではどうなのか。アジア大陸は四フィート八インチ半で統一しているのに、日本の国内では三フィート六インチを採っている、これはとても不合理だという考え方に立って、日露戦争が終ると日本の国内も四フィート八インチ半に変えたらどうだろうかということが考えられるようになりました。実際に三フィート六インチの軌間の列車と四フィート八インチ半の軌間の列車では、はるかに輸送力が違います。その当時、日本の国内では資本主義が急速に高度化してきており、そしてもっと大きな列車を走らせたいという要請が生まれてきました。そこで広軌改築計画が立てられました。それまで造られてきた線路を全部標準軌間に変えようという計画でした。これはだいたい五〜六年で変えられる目算が立ったのですが、しかしついに実現しませんでした。そして一九三九年、日中戦争が始まると、もう一度標準軌間の新

幹線を造ろうという計画が立てられました。東京―下関間に新幹線を造り、朝鮮海峡に海底トンネルを掘って、下関か門司と釜山《プサン》を結ぶ。そのようにして、東京から北京《ペキン》まで一本の列車を走らせることができる体制を作ろうということが計画されました。現在、東海道新幹線が使っている新丹那《たんな》トンネルや日本坂トンネル、東海道本線が使っている新逢坂山《おうさかやま》トンネルの一部は、このときに掘られたものです。今のわたくしたちの新幹線の元々の起こりは、東京とアジア大陸を結ぶ鉄道の計画にその起源があるのだということを考えておく必要があります。そういうふうに見ていくと、たとえば福島―山形間の奥羽線の元の線路を標準軌間に直すとか、また最近では、盛岡と秋田の間を秋田新幹線と称して軌間を広げましたが、これは源流をたどっていくと、明治の終りの新幹線計画で立てられたものが、今非常に局地的に軌間を改築するという方向で継承されているという見方をとることができます。そのように局地的に軌間を変えていくよりも、たとえば奥羽線などは、福島から秋田までを全部標準軌間にして、在来線の列車も新幹線の列車もお互いに乗り入れができる体制をとったほうがよいのではないか、といった構想も、新しい問題として出てくるのではないでしょうか。それから、そういった新幹線として建設あるいは改築される線路には、必ず三フィート六インチのレールを並列させて、在来線の列車が乗り入れることができるようにすべきではないか、ということも考えられます。山形新幹線の場合でも、蔵王と山形の間は三線区間にしてあります。そして貨物列車が乗り入れられるようにしてある。そういった部分的なことをやらないで、もっと三線区間を広げて、たとえば米坂《よねさか》線の列車も入れるようにするなどの便宜をもっと図っていくべきではないかという問題もありそうです。ただ、これには建築限界の問題とか、車両限界の問題とか、いろいろな問題がありますから、そう簡単には実行することができないのかもしれません。

いずれにしても、軌間の問題は、今見てきたように政治や戦争の問題が絡んできます。このことは、鉄道がただ単に人やものを輸送するということだけではなく、政治的な役割を果たすという性格をかなり強く持っているのだということを示しています。鉄道の歴史を考える場合には、今言ったように、鉄道の輸送機能だけを見たのではだめなのであって、鉄道がどのようなかたちで政治や社会と関わってきたのかという問題をいつも見ておかなくてはならないのです。

線路の構造

これまで線路、特にレールという問題を中心に見てきましたが、今度はそのレールを乗せている線路という問題を中心に考えていきたいと思います。

線路という場合には、二つの意味があります。一つは列車が通っていく具体的な施設としての線路、もう一つは鉄道がある地点からある地点まで運営されている、その線路です。ここで考えるのは施設としての線路で、この線路とはレール、枕木《まくらぎ》、道床《どうしょう》、それから路盤、これらすべてを含めたものです。レールと枕木とは、きちんと直結し、固定しておかなければなりません。レールが動かないように支えているのが枕木で、途中で広がったり狭くなったりしないように、軌間を一定の広さに保つという役目もあります。この枕木は同時に、レールの上を走る列車の重量を支えるので、一定の長さのレールに何本入れるかということによって、そのレールの強度が保証されます。日本では枕木と言うように、木材を使うのが常識でしたが、枕木の素材は必ずしも木材だけでなく、鉄材を使ったこともあります。枕木を指す英語のsleeperという用語は、このような事情によるものでしょう。最近は、木材に代わってＰＳコンクリートという鉄筋の入った枕木が使われるようになりました。*

＊　日本では木製の枕木が普及してきたのですが、一九五〇年代の終り頃からロングレールが登場してくるようになりました。その頃のレールの長さは、一本二五メートルという規格が成立していました。たとえば、二五メートルの長さのレールを五〇本つなぐと、一二五〇メートルのロングレールができます。このロングレールを枕木に固定する場合には、鉄の膨張収縮の問題が出てきます。二五メートルくらいのレールを設置する場合では、冬にレールを固定するのであれば、レールとレールの間を三ミリ～五ミリ開けておけば、夏にレールが膨張しても、外にはみ出すということはありません。ところが、一二五〇メートルなどという長さのレールを固定すると、その膨張係数からいって、かなりの長さの膨張収縮が起こるという問題が出てきます。そこでどうしたらよいか、という問題が起こりました。長いトンネルの中など、気温の変化が少なく、したがってレールの温度もあまり変化しないところでは、ロングレールを敷設しても問題はないが、一般の線路では不可能というのが当時の常識でした。しかし、線路の保守その他の面から、ロングレールはぜひ一般の線路でも使いたい。その場合どうしたらよ

いかという問題が生まれました。その当時国鉄では、レールの腹にパイプを通し、そこに熱湯を注いで膨張収縮の試験をしました。さまざまな実験の結果、最終的に分かったことは木製の枕木ではなく重いコンクリートの枕木を使って、その枕木を道床に半分以上埋め、それに一〇〇〇メートル以上の長さのレールを固定させると、レールの膨張収縮が、その両端のそれぞれ一〇メートルくらいの長さでしか起こらないということでした。その結果、木製の枕木ではなくて、重いＰＳコンクリートの枕木を使えば、ロングレールの敷設が可能だということになりました。温度差がだいたい七〇度くらいの間で、この実験を行なったわけですが、七〇度の温度差があっても、膨張収縮は極めて限られることが分かってきました。こうして、ロングレールの実用化は、コンクリート製の枕木によって可能であるということになってきました。

　このコンクリート製の枕木は、木製の枕木に比べて、一本の重さがだいたい一〇倍くらい、値段もだいたい五倍くらいになります。ところが、耐用年数は木製の枕木の二五倍というように、非常に長持ちします。そこで五倍の値段でコンクリート製の枕木を買ったとしても、耐用年数を考えると五分の一の値段になってしまうということが分かります。そういったところから、コンクリート製の枕木の使用が急速に進んでいきました。一番最初のロングレールの敷設は、東海道本線の藤沢から平塚にかけてのほぼ直線の区間で実施され、成功しました。初期の段階では、急な曲線ではロングレールを敷くことができないといわれていたのですが、現在では半径六〇〇メートルから八〇〇メートルの曲線でもロングレールを敷くことが可能になってきていますし、それと並んでコンクリート製の枕木はますます普及するようになって、今では幹線のほとんどはコンクリート製の枕木を使う方向に進んでいます。

枕木と道床の一体化

さらに、道床そのものをコンクリート製にしてしまおうという試みも生まれました。枕木と道床を一体化してしまおうという構想です。山陽新幹線の姫路と岡山の間で部分的に実験され、東北新幹線で本格的に採用されました。何のためにそのような方式を採るのかというと、枕木は一本一本敷設していくわけですから、かなり手間がかかり、人件費を安く上げるためには大変不利です。それから、枕木は長持ちするといっても、列車の本数が多くなっていけば、耐用年数は短くなり、交換の必要が出てきます。そこで、枕木と一体化した道床を造ったほうが、はるかにコストが安くなるし、メインテナンスの費用もかからない、という見方が生まれてきて、コンクリート道床が生まれました。これをスラブ軌道と呼びます。ところが、これには一つの問題があるということが分かりました。それは、騒音が非常に大きくなるということです。日本の場合には、二五〇キロというような高速で運転するという条件の下で、騒音問題が起こってきます。

道床の歴史

次は道床ですが、枕木が押し付けられて沈んでいく、それを道床が受け止めていくということが、非常に重要な意味を持っています。現在使われている道床は、大きな石を砕いた、砕石《さいせき》道床と呼ばれるものです。一番最初の頃には、砂を使っていた時代もあります。それが水はけを考えて丸石へ、さらに現在一般的に使われている砕石の道床へと代わっていったのです。道床の厚さは、受ける力からみても、なるべく厚い方がよい。だいたい二〇センチから三〇センチ、さらに厚い道床へと進んできています。

路盤

そして最後に、それを受ける路盤。これはなるべく堅い方がよいわけですが、果たしてコンクリートの路盤でよいのかということになると、これはまだ結論が出ていないというべきか、要するに割れては困る、しかし、堅くなくてはいけないという矛盾を持っています。橋梁の部分やトンネルの中では、たとえばコンクリートの橋やトンネルの断面をすべてコンクリートで固めて、枕木と一体化してしまうというような方式が採られています。

線路の耐久性

施設としての線路の要素は、古い歴史を持っているわけですが、部分的には変化があっても、基本的にはそれほど大きく変わってはおらず、レール、枕木、道床、路盤の四つの要素は、基本的にそれほど変わっていません。ただ、一般の道路と違うところは、瞬間的に非常に重いものが通過していくという点であり、そしてその瞬間的に加わる力に対して、軌道負担力をどのように設定するかということが問題となります。鉄道線路では、道路と違って大きな力が瞬間的に加わるため、道路にくらべてはるかに堅固に造っておかなくてはならないということになります。

車両と動力

車両走行の動力

ここで、線路の上を走る車両を見ておくことにします。ここでは、鉄道車両がどうやって走るのか、何を動力にして走るのかという問題について考えたいと思います。鉄道車両は、押す構造か牽《ひ》く構造かという点からいえば、前者としてまず成立しました。現在、機関車牽引《けんいん》の列車は、牽引という言葉が示すように牽く構造になっています。前から牽くというかたちをとれば、かなり速い速度で走っても脱線の危険はありません。* ドイツ語で列車のことをZugと呼びます。これは、ziehen＝牽くという言葉から来ています。** ですから、ドイツの場合では、列車は最初から牽かれる構造の意味を持っていたのです。牽くという方式は、鉄道が生まれる以前にも、馬や牛が牽くという方式が、かなり前からあったことがわかります。この馬や牛が牽くという方式は、だいたい今から二五〇〇年から三〇〇〇年前のアッシリアや、漢の時代の中国で造られた戦車に見られます。この場合、車の転倒の可能性などを考えると、馬が車を押すよりも牽いた方がはるかに安全であり、はるかに高速で走ることができるということが、すでに分かっていたのだと思います。

＊　これが、もし押すという構造にしたらどうなるのか。国鉄の場合には、機関車が後ろから列車を押して走る場合には、六五キロ以下で走らなくてはいけないという速度の制限が付けられていました。後ろから列車を押して走る場合には、もちろん前に誰かがいて監視している場合にも、高い速度を出すということはできません。前方の危険というだけでなく、実際後ろから押していく場合には、高速運転ができないというのが常識です。これにはいろいろな理由があると思いますが、列車が長くなればなるほど脱線の危険が生まれてきます。そこでどうしても列車は牽いたほうがよいということになります。

＊＊　英語のトレインというのは、長く連なったものというラテン語の trahere から来ています。ですから、ドイツ語のツークと英語のトレインでは、語源の上でもまったく違いがあります。ドイツの場合では、自分の国で鉄道を造ったわけではなく、イギリスから入ってきた段階で、列車は機関車によって牽かれていました。そこでツィーエンという言葉を名詞に換えてツークとして、これを列車の意味に当てたのでしょう。ですから、鉄道を造った国と輸入した国との違いが、ここではっ

きりと出てきます。

蒸気機関車の誕生

イギリスの産業革命の段階で、炭坑の排水を汲み上げたり、鉱石を地上に引き上げたりするのに使っていた蒸気機関、これは垂直にものを移動させるための機械であったわけですが、この蒸気機関を、車を移動させるという水平移動（もちろん勾配《こうばい》がつくことがあるので「水平」と言い切ることはできませんが）に用いるように造られたのが蒸気機関車です。その場合、ものを垂直に移動させるための縦形の蒸気機関を線路の上に乗せることはできません。そこで、その蒸気機関を横に倒す必要が生じました。そして、横に倒してもボイラーで十分に蒸気を発生させることができるということが分かってきて、そこから蒸気機関車が造られてくるのです。これは画期的な進歩でした。蒸気機関はもちろん、家畜に比べてはるかに大きな力が得られます。それだけではなく、人が牽いたり馬が牽いたりする力に対して、ここではボイラーで発生したエネルギーを列車を牽くために適当に調節することによって、馬の尻を鞭《むち》でたたいてエネルギーの力を調節する場合よりも、はるかに調節する側の意思をきめ細かく忠実に実現させる方式が可能になりました。

一番最初に蒸気機関車が造られたのは一八〇四年といってよいと思いますが、これが実用化されて日常の営業に安定して使われるようになるのが一八三〇年。リバプールとマンチェスターの間の鉄道として、ここではじめて蒸気機関車が安定した牽引車として定着するようになりました。それまでは、とても蒸気機関車などは危険なものであって、いつボイラーが爆発するか分からないというように見られていましたから、貨物を運ぶためには蒸気機関車が使われていましたが、旅客を運ぶためには馬を使うという段階からなかなか抜け出すことができなかったのです。

ボイラーの問題

蒸気機関車では、石炭を燃やすとボイラーの水が蒸気に変わっていきますが、その間、蒸気の圧力が常に変動します。ですから、蒸気機関車の運転は、必要な圧力を得るために、いつも手順を考えながら進めなくてはならないことになります。ボイラーの火室にくべる石炭の量、その石炭のカロリー、それからボイラーの中にためてある水の量、それらの条件の下で圧力を加減しながら進めていかなければならない。その石炭のカロリーも、産出される鉱山によって常に違います。非常にカロリーの高い石炭もあれば、低い石炭もあります。ですから、機関車で石炭を積む場合、どこの石炭かが分かっていなければならない。夕張《ゆうばり》のどういう石炭であるとか、筑豊《ちくほう》のどういう石炭であるとか、銘柄を知っていないと機関車の運転ができないというように、燃料からして考えておかなくてはならない、というような問題があります。*

＊　一九二九年に特急「燕《つばめ》」の試運転を東京と神戸の間でしたとき、石炭の鉱山を指定して、どこからどこまではどこの石炭を使うということがあらかじめ計画されて、そしてボイラーで発生する蒸気の量は、この石炭であればどこの勾配を越えるときにはどれくらいの蒸気を出すことができるかということを全部事前に計算をして試運転を実施しました。そういうふうにして、蒸気機関車の運転は、曲線や勾配という線路の状態に合わせて、発生させる蒸気の量、圧力を計算し、シリンダーで生じるエネルギーを必要なだけ得られるようにするという作業が必要です。したがって、蒸気機関車の運転については、これらの作業に熟達している機関士でなければ、いたずらにエネルギーを浪費する結果となります。

電気・内燃機関車の誕生

それでもなおかつ、蒸気機関車の場合には、ボイラーで発生したエネルギーは、ほとんどすべて空中に放散されてしまいます。実際に走行エネルギーとして使用できるのは、九％から六％くらいです。九十何％かは、煙か熱になって逃げてしまう。エネルギー効率からいえば、非常に低いといわなくてはなりません。ですから、まことに無駄の多い動力車であるということです。どこの国でも、そのような動力車を一〇〇年以上も使っていたわけです。蒸気機関車が煙を吐《は》いて走るのは、まことにかっこいいものですが、これは無駄にエネルギーを放散しているものと見てよいのかもしれません。そこで、エネルギー効率のより高い動力車はないだろうかとさまざまに議論されて、電気を応用したり、内燃機関を使うという方向に進んでいきます。電動機や内燃機関ならば、エネルギー効率はだいたい六〇％に上がってくるものです。また、排煙による公害も防ぐことができるようになりました。蒸気から電気や内燃へという変化は、歴史的必然であるといってもよいのかもしれません。* 電気の場合には、地上施設に非常にコストがかかるという問題があります。変電所を造り、そこから線路の上に張ってある架線に電気を送るといった変電・送電施設に非常にコストがかかります。それならば、機関車の上にディーゼルエンジンの発電機を積んでしまえばよいではないか、というような発電機関車の構想から、アメリカはだいたいそのような方式を採っています。これはディーゼル機関車と呼ばれていますが、発電機を備える点では、電気機関車と呼んでもよい。このディーゼル電気機関車の方式が、アメリカでは本格的に採用されていきました。**

＊　一時期、蒸気タービンやガスタービン、さらに原子力を使おうという動きもありましたが、コストが非常に高いということから、実用化されず、結局のところ現在では、電気、内燃機関主流という方式に落ち着いているようです。

＊＊　ドイツでは、ディーゼル機関で電気を起こすことをしないで、ディーゼル機関によって直接車

輪を回転させるという、新しいディーゼル機関車の方式を開発していきます。液体式ないし液圧式ディーゼル機関車という方式です。アメリカとはまったく異なる方式で、これは内燃機関車と呼んでもよい。日本でも、ＤＤ五一形であるとかＤＤ一三形であるとか、現在標準化されている機関車は、ドイツ方式のディーゼル機関車です。その前に使っていたＤＦ九〇形とかＤＤ九〇形というディーゼル機関車は、アメリカ式のディーゼル電気機関車です。ですから、日本で使ってきたディーゼル機関車には二種類あるのだということを考えてよいと思います。どちらが有効なのかということは、なかなか結論が出せません。ディーゼル電気機関車の場合、発電所を積んでいるようなものですから、コストは非常に高くなります。また、とても重くなりますので、線路の強度が必要になります。ところがドイツ式の液体式ディーゼル機関車の場合では、比較的軽い機関車を造ることができます。最近では、しだいに液体式が増えてきており、日本の気動車（ディーゼル列車）も液体式を採用してきました。

列車の動力配置

新しい動力の採用は、車両の常識を変えました。すなわち、電車の場合、動力分散方式が採られ、これは「牽く」だけでなく「押す」要素も入ってくるわけで、その意味では鉄道車両の新しいタイプとなりました。気動車も同様です。動力分散方式は、こうして鉄道車両の特性を大きく転換したのです。電化の場合にも、機関車牽引のように動力を集中するのがよいのか、電車のように動力を分散させる方式がよいのか、なかなか決着が付きません。日本では、電気機関車が牽引する動力集中方式が、かなり長いこと使われてきましたが、最近では新幹線のような都市間の長距離列車でも、動力分散方式が一般化されるようになりました。しかしヨーロッパでは、今でも動力集中方式が一般的に使われています。フランスのＴＧＶ、ドイツのＩＣＥは、すべて動力集中方式です。後ろと前に機関車を付けるという、電車と機関車の中間のような形のものが使われています。フランスのＴＧＶは、これを造るときフランスから技術者が日本へやって来て、新幹線の動力分散方式を実際に見て、そのエネルギー効率からすべてを計算して、両端機関車方式を採用したといわれています。だいたい日本とヨーロッパでは、動力分散と動力集中が対立しているというのが実状です。

このように見てくると、鉄道という輸送機関は、それが導入されたときには、日本人にとってまったく異なる文化のものということになったのではないでしょうか。そして、受け入れた日本人は、これを新しい文明として受け入れたと見ることができそうです。「文明開化」という当時の風潮を表わす言葉は、このことを的確に表現しています。しかし、この新しい「文明」は、そして鉄道という「文明の利器」は、文明よりもっと広い「文化」として、この日本に定着していきました。この本が目的とするところは、新しい文化を鉄道が生み出し、展開していった過程を検証するところにあります。

鉄道の導入と利用

導入された鉄道

ここでの課題は、日本では異文化としての鉄道を、どのような動機から、どのような姿勢で導入したのかという問題、そしてそれが日本の近代化にどのように関わりを持ったかという問題が中心ですが、まず鉄道建設の動機とその背景から考えることにします。そこで言えることは、鉄道の建設は、日本の経済的条件によるというより、東アジアをめぐる国際政治体制という政治的環境と、日本の支配体制による政治的要請と、いずれも政治的条件が先行したということです。

鉄道建設の前提

日本における鉄道建設は、ヨーロッパ諸国やアメリカ合衆国の場合と、かなり条件が違います。というのは、ヨーロッパやアメリカでは、産業革命に伴って鉄道建設が要請されたのですが、日本では産業革命が進行していませんから、鉄道を建設する必要性がどこにあるのかということが、はっきりしていません。日本だけでなく、アジアの諸地域でもアフリカでも中南米でも同じことが言えます。それらの地域では、地域を支配しているアメリカやヨーロッパの国々にとって鉄道が必要であるという動機から、鉄道の建設が進められたのです。たとえばインドでは、一九世紀の半ばに綿花をイギリスに運び出すために鉄道の建設が行なわれます。それはイギリスの産業革命が進み、綿織物工業が盛んになってきて、その原料となる綿花を大量にインドからイギリスに運ぶ必要性が生まれたからでした。したがって、インドの人々にとって必要という理由で鉄道が建設されたわけではありませんでした。インドネシアや、マレー、中国など、アジアの諸地域やアフリカで鉄道が建設される場合には、その地域を支配している本国の必要から鉄道が建設されるのが一般的でした。

そこで、日本の場合はどうだったのか。日本はまだその段階では、ようやく鎖国を終って開国したばかりでした。そのような日本に対して、アメリカやイギリスやロシアは、場合によっては日本を植民地にしようと考えていたかもしれません。イギリス、ロシア両国とも、支配権を東に延ばしてきて、「極東」の日本で覇権を争うという姿勢がなかったとはいえません。また、アメリカは日本、とくに琉球を、アジア大陸に進出していく足がかりの拠点として考えていました。そう考えると、日本で鉄道を建設するということの効果として、やはり日本を政治的な支配拠点として利用する場合に有利であるという見方があったかもしれません。

これに対して、日本の国内で鉄道を建設するということになれば、それはまた、そのような植民地支配に対抗して、日本の自立性を強めるために鉄道を建設するという意味を持つことになったとも考えられます。しかし、植民地支配に対抗するという動機がどこまで強かったかは、かなり曖昧です。しかも日本の鉄道は、支配体制側が国内における支配権力を強めるために導入を急いだという動機がかなり強かったのです。

鉄道への関心と知識

そこで、日本の場合、鉄道を自分で建設しようという意図は、いつ頃生まれてきたのだろうか、という問題から考えてみましょう。かなり早い時期に、日本では自分の手で鉄道を建設しようという動きが始まったのではないかと推測されます。その背景には、異文化としての鉄道に関する知識があったはずです。すでに一八四〇年代になると、鉄道のシステムについての正確な知識は入り込んでいました。当時の知識人の中には、機関車のメカニズムに対して非常に強い関心を持つ人がいて、ヨーロッパで出版されている解説書を忠実に翻訳していました。ペリー艦隊が来航すると、そういう人々が、ペリーが持ってきた機関車の模型を見て、自分の知識を確かめます。他方、幕府やいくつかの藩は、黒船に対抗できるような蒸気船を日本で造りたいとか、大きな大砲を造ろうと考えました。まず、直接外国から実物を買ってくるという流れが始まります。たとえば幕府は、オランダから軍艦を買って海軍を創《つく》ります。しかし、直接すぐ使える軍艦を買い込むという方向に進むのは、非常に危険です。いろいろな利権がつきまとい、植民地にされてしまうという危険が十分にあります。それに対して、まず模型を作ってそこから実物を造っていこうという方向が生まれます。とくに佐賀藩は、莫大な資金を出して製錬所という工場を造り、そこで模型を製作する作業に入っていきました。それは実物を造る前にまず模型を作ることによって基礎技術を学ぶという考えに立つものと考えられます。それは自立の方向です。また薩摩《さつま》藩は、模型製作の手順を踏むことなく、いきなり軍艦建造を考えます。これも自立の方向です。幕府、佐賀藩、薩摩藩の流れの違いは、このようなかたちで現われます。これらの立場は、近代化における文化の受容または導入における基本的なパターンを示しています。とくに模型製作という手順を踏むかどうかは別として、基礎技術やさらにその原理を身に付けるところから出発するという立場は、近代化の場合の必須条件です。日本は、このような立場に踏み込んでいきました。* しかし、近代社会の成立原理を無視し、これらをあくまで手段として認識したところに、日本における近代化の特質が生まれました。

佐賀藩は、軍艦の模型を作る作業と並行して、これまで書物として知っていた知識から機関車の模型を作りました。それは、軍艦模型の副産物のような形です。機関車の模型を作ることによって、新しい陸上の輸送手段の基礎を考えるという可能性が生まれます。したがって、佐賀藩のような模型を作る作業は、鉄道技術の基礎を創《つく》ったという意味では、その後の鉄道の建設に大きな役割を果たしたということができます。そのほかの藩では、たとえば長州藩や加賀藩は、模型を買い込んでいます。なぜそのようなことをしたのか。藩主の遊びのために模型を買ったとも考えられますが、当時の藩主は、自分の藩の近代的脱皮を図るために、こうした輸送手段の導入を考える参考にしたのかもしれません。幕府は、ペリー艦隊が将軍に対する献上品として持ってきた模型を、横浜の艦隊応接所や江戸城で動かしました。しかし、これらはどれも鉄道を実用化する計画には結び付きませんでした。ですから、模型を作るか買うかという態度の違いは大きいとしても、どちらもそのまま鉄道の建設に結び付くとは言い切れない面があったのです。

産業革命が進んでいなかった当時の日本では、鉄道の必要性はそれほど強く認識されず、この段階ではまだ、鉄道の建設に入る条件は客観的に成立していなかったのです。

＊ そこには封建制の支配原理とは異なる客観的な事実認識の姿勢にひかれる知識人が増え、近代文明を単に異文化として好奇心で見るだけでなく、新たな社会の必要手段として見る立場が生まれていたことが考えられます。その立場は、現存の幕藩体制をそのまま維持しながら変革するものと、人格の平等観まで深めていくものと、いろいろな立場があったようですが、このような動きが、鉄道導入の背景に働いていたことは注目すべきではないでしょうか。

鉄道建設の動機

結局、日本の鉄道は、外国人の建設計画という外発的動機から建設に入っていきました。一八六六年（慶応二）から六七年に外国人による建設計画が立てられますが、薩摩藩が一八六五年から六六年、幕府が一八六七年に建設計画を立てます。それは、外国人が鉄道の利権を獲得することによる危機意識に支えられたという見方ができますが、その頃になると、幕府は幕藩体制を根本的に改革する「職制改革案」を立てていました。その中には鉄道の建設計画も含まれていました。ですから、自主的に鉄道を建設する立場はすでに固まっていたということができます。このような近代化計画を押しつぶしたのが薩摩・長州の倒幕運動で、結局、薩摩・長州・土佐・肥前佐賀との戦いで幕府は倒れ、明治政府が成立します。

そして今度は、明治政府が鉄道建設の主導権を握るのですが、ここでもアメリカ人の計画の処理に悩まされたあげく、建設に踏み切ったのです。幕府が倒れる直前、一八六七年の暮れに、アメリカ公使館の職員が、江戸と横浜の間の鉄道の建設を申請し、それに対して幕府の老中が免許を与えていました。ところが調印すると、すぐに幕府は倒れてしまいました。したがって、国際法の上から言っても、幕府の与えた免許は効果を持つことがなく、免許は取り消しということになるのですが、アメリカ側は執拗《しつよう》にその免許の有効性を主張し続けました。明治政府は何とかしてアメリカの鉄道建設の申請を無効にしたいと苦慮しました。アメリカ人の計画に対抗して、自分たちで鉄道を建設するにしても、資金はまったくありません。そこへ援助の手を差し伸べてきたのが、イギリスでした。イギリスは、このさい明治政府に資金を貸して、発言権を強めようと考えたのだと思います。アメリカが鉄道を建設してしまうと、アメリカの明治政府に対する発言権が非常に強くなってしまう。これはイギリスにとって不利であるという判断が、そこに働いたと思います。そのような判断に基づいて、資金の援助を申し出てきました。しかし明治政府の中には、そんな鉄道を建設していったいどのような利益があるのだという反対論が、まだ圧倒的に強く、明治政府は、鉄道を建設しようというグループと、鉄道の建設は不要であると主張するグループに割れていきました。その中で、鉄道の建設を主張するグループの大隈重信《おおくましげのぶ》や伊藤博文《いとうひろぶみ》は、日本に鉄道を建設することは、とくに東京と京都の間に鉄道を建設すれば、中央集権制を強化する上で、非常に有効であると考えました。まだ産業革命が進行していないわけですから、彼らは実際に経済的強化を中心に鉄道を考えることはできませんでした。したがって、中央集権制を強化するという政治的な動機から、鉄道の建設を決めました。そこへイギリス公使のパークスが乗り出してきました。ちょうどその年、一八六八年（明治元）から翌年にかけて日本は飢饉《ききん》に見舞われており、パークスは、飢饉にさいして食料を貯蔵している地域から、飢饉の地域に早急に食料を送るためには、どうしても鉄道が必要ではないか、という理由を挙げて説得しました。この説得は非常に効果があり、なるほど鉄道というのは、そのような輸送手段としての効果があるのかということが理解されるようになります。明治政府が飢饉によって倒れないようにするためにも鉄道が必要なのだという政治的意味合が、そこには含まれていたことになります。

イギリスの援助

イギリスは、パークスが非公式会議で政府首脳部を納得させ、一挙に鉄道の建設を決めさせました。その結果、アメリカは日本に対する影響力を強めることができないで終りました。そしてその後は、イギリスが日本に対して非常に大きな影響力を持つようになっていきました。イギリスは明治政府に対して、鉄道の建設資金についての借款も含めて、いろいろな援助の手を差し伸べてきました。当然、植民地化の危険がそこにはありましたが、イギリスはそれ以上日本を植民地化するという方向には進みませんでした。そこには、イギリスの対外政策が、太平天国やセポイの運動などの経験から、植民地獲得のための犠牲を回避する方向に向かったこと、日本側の危機意識が強まってきたことなどが考えられます。

そういった危機意識とイギリスの対日政策が競合して、ともかくも日本が自前で東京―京都間を中心とする鉄道を造るという方針が決まりました。その建設資金は、ロンドンで一〇〇万《ポンド》の公債を募集してそれを借款として借り入れ、これを資金として使うことにしました。しかし、一〇〇万《ポンド》のうち、それまでの借款の返済や、貨幣の鋳造のためにかなりの資金が回され、結局、鉄道に使うことができたのは三〇万《ポンド》に過ぎませんでした。その三〇万《ポンド》は当時の一〇〇万円ほどになるのですが、それだけではとても東京―京都間の鉄道など建設することができません。仕方がないので、東京―横浜間と大阪―神戸間の鉄道を、この三〇万《ポンド》で建設しようということになりました。東京―京都間の鉄道建設という点から見れば、本当に支線に当たる部分の建設しかできないことになったのです。その三〇万ポンド《ポンド》も、東京―横浜間の鉄道を建設しているうちに消えてしまいます。とても京都―大阪―神戸間の鉄道に回すということは不可能だということがわかってきます。しかし、いったん決めたことはとにかく実行しようということで、大阪―神戸間の鉄道の建設にも着手していきました。そのような形で鉄道の建設は軌道に乗りました。そして一八七二年に鉄道が開業するところまでこぎつけました。*

＊　鉄道建設から開業までのプロセスを見ると、そこにはさまざまなトラブルがあって、そのたびに明治政府は非常に危険な状態に置かれました。そのトラブルは、ひとつは利子の問題です。ホレイシオ・ネルソン・レイという上海で清国の関税を担当していた人物が日本に乗り出してきて、ロンドンと東京との間の斡旋を行なって利ざやを取ろうとしたのです。レイは間に入ってロンドンで公債を募集し、明治政府に対しては一割二分の利子を求めました。ところがロンドンでは九分の利子で公債を募集している。そうすると、そこに三分の利ざやが生まれます。その三分の利ざやを、公債を募集したレイが懐に入れてしまおうとした。これが明らかになって、あわててレイとの契約を解除しなければならなくなるという問題が起こりました。

鉄道建設と技術の自立

この間日本側は、借款の利ざや問題に悩まされますが、建設の過程で鉄道をまったくの異文化として見る立場から解放され、自分たちの技術で建設することができるという自信をつけるようになりました。これは大きな成果でした。イギリスの技師たちは、日本は完全に未開の国だと思っていました。したがって、日本に対して自分たちの考えを押し付けていこうとします。しかし日本には中世以来、土木建設についてのかなり高度な技術がありました。その技術を使うと、イギリス人たちが考えているよりも、もっと安いコストで線路を建設することができるということが分かってきます。幕府が江戸湾の台場を造ったときに働いた作事方という組織にいた人々や建設労働者は、御殿山《ごてんやま》の切り取りや高輪《たかなわ》・品川の海岸埋め立てに大活躍しました。そういうときにイギリスからやってきた技師長のエドモンド・モレルは、日本側の利益をはかる立場をはっきり示しました。東京とロンドンの間を斡旋したホレイシオ・ネルソン・レイは、日本に資材を売り込むときに、枕木からレールから、機関車、車両、その他一切をセットとして売り込もうとしました。そのために、双頭軌条や鉄の枕木を売り込みました。しかし鉄の枕木は、日本のような湿度の高いところでは、耐久力がほとんどありません。モレルは、このような鉄の枕木を日本で使うことは不利である、日本にはもっと耐久性の高い木材がたくさんあるのだから、木材を枕木として使うべきだと主張しました。そのほかにもモレルは、国外からいろいろなものをたくさん買い込めば高くつく、日本の国内で造ることができるものは、どんどん造るべきであると忠告しました。それからまた、外国人を雇うと、日本人を雇うより五倍から一〇倍の給料が必要となる。したがって、日本の国内で技術者や労働者を養成しなくてはいけないと主張しました。このようなモレルの立場は、それまでヨーロッパの諸国が植民地経営でとってきた立場とまったく異なる立場です。技術者の良心というべきでしょうか。そのような考え方に立つモレルが技師長としてやってきたおかげで、費用の節約だけでなく、日本における技術の発達が非常に促進されました。モレルだけでなく、ほかの外国人技師にもそうした立場をとる人がいました。これら外国人技師たちのアドバイスは、技術の指導だけでなく、近代における技術移転の本来のあり方を示すものでした。

こうして日本の鉄道は、植民地鉄道となることを免れていきました。しかも、いま述べたように、土木技術の面では、工事だけでなく測量技術も身に付けて、それまでの道路とは異なる曲線や勾配でつくられる鉄道建設の特異性を、まず学びとっていきました。さらに、鉄道が開業した三年後には、下回りの部品を輸入すれば、国内で客車や貨車の生産が可能であるということもわかってきました。そのようにして、技術の自立が始まります。イギリス人の機関士に頼らず、日本人の機関士も誕生し、鉄道建設の設計段階から、全部日本人技師が行なうという建設技術の自立が八〇年代にかけて実現し、こういった自立体制が一挙に進行していきます。日本の鉄道は植民地鉄道ではなく、自立した鉄道の方向で進み、その結果、日本の鉄道は、アジアの他の地域の鉄道と、かなり異なる方向に進んでいきました。

移動にもたらした変化

前の節では、導入文化としての鉄道を建設・運営する側から見てきました。この節では、主に鉄道を利用する側から見て、鉄道が日本の社会・文化にどのような影響をもたらしたかを考えます。

異文化との出会い

鉄道は、当時の人々にとって、驚くべき交通機関でした。大隈重信や伊藤博文は、この文明開化がもたらす驚異も計算に入れたようで、そこにも政治的意図がはたらいていたと考えられます。しかし、長く連なる列車、列車を牽引する異様な形の機関車、その機関車が吐く蒸気や排煙、走る列車の轟音《ごうおん》、そうした外見だけでなく、鉄道は人々の移動やものの輸送に大きな変化をもたらしました。

この問題を考えるためには、すでに二〇〇年、三〇〇年という長い間、日本では移動や輸送に車を使う習慣がなかった、というところから始めなければならないと思います。幕府は、街道で車を使うことを堅く禁止していました。東海道の大津と京都の間だけは車を使うことを認めていましたが、その他では街道で車を使うことを禁止していました。したがって、ヨーロッパのように二〇〇キロとか三〇〇キロとかいう距離を馬車が走る態勢は、日本には生まれなかったのです。結局のところ街道を歩くか、駕籠《かご》に乗るか、または馬を利用するというほかありませんでした。これらの輸送手段と鉄道との違いは、まず車両を使うということに始まり、動力・輸送量・速度などたくさんありますが、まずここでは、大量輸送という点から見ていくことにします。そして、大量輸送が必然的に生む乗合《のりあい》方式や、移動の権利を保障する乗車券について考えることにします。

乗合方式——新しい社会関係

車両の使用という点では、開国と同時に外国人が馬車を持ち込み、明治維新以後、日本人でも馬車を持つ人が現われ、また定期馬車が登場しました。そのほか人力車が登場します。定期馬車は乗合方式を採りましたが、馬車も人力車も個人的な移動手段で、馬や駕籠と同様でした。乗合という習慣は、まだそれほど広まったとはいえません。これに対し鉄道は、車両で編成した列車の方式を採ることによって、大量輸送手段としての特性を持ち、それは必然的に乗合方式を持たざるを得ません。船の場合には乗合方式がありましたが、陸上輸送手段で大量輸送という方式が生まれたのは鉄道が最初です。

乗合方式は、それまで話したこともなかった人々が一つの車両の中に乗り合わせるという、新しい社会関係を作り出します。近世封建社会の閉鎖的な共同体は、生活空間の閉鎖性にはじまって、人々の心を閉鎖的なものとしてきました。このような環境に生まれ育って、普段から付き合ったことのない他の村の人や他の階層の人たちと話し合うということが経験としてまずあり得ない状態、そういった人々と付き合うことはもともと禁止されているという状態、そういう社会に生活してきた人々が客車に乗り合わせて、そこでお互いに相手を警戒するという気分を持ちながら、しかしそこに新しい社会関係を作り出していく。そうした習慣が、そこから生まれていきます。それは、お互いに相手を人間として認めるという近代社会における新しい人間関係が、鉄道を通じて生まれていくということなのです。そこで彼らの世界に対する眼は広げられ、場合によっては人間観の変革を迫っていきます。そのことからまた、新しい社会関係の成立という認識がもたらされます。鉄道は、当時の日本人にとって、驚くべき画期的な輸送手段として印象づけられました。

しかも、鉄道は乗り合う人々の平等という原理を制度として持っていました。乗車券がそれです。乗車券という移動保証の方式は、

乗車券——平等の原理

近代社会のルールを日本に持ち込みました。そこで、この方式が日本人の生活や意識に与えた影響を考えてみましょう。第一に、運賃を支払えば、それに見合う方式で、ある地点から他の地点まで移動することができる。要するに、運賃の支払いによって移動が保証されるという方式です。もちろん、馬でも駕籠でも運賃を支払えば移動は可能ですが、決められた運賃のほかに、何らかのプラスアルファの支払い、たとえば酒代を支払わなければ駕籠かきの機嫌を損じて、場合によっては振り落とされてしまう危険もあるというような、運賃の支払いだけでは安全な移動が保証されないという問題がありました。しかし、鉄道の場合には、運賃の支払いだけで移動が保証され、付加支払いの心配をせず安心して移動できるという原則が現われてきます。そしてまた同時に、鉄道の利用は、どのような身分の人でも、運賃の支払いによって移動が保証されるという意味で、身分制を打破するという性格を持っています。馬や駕籠の場合、身分が高いか低いかによって、その馬や駕籠のランクが決められているということもありました。そのように、身分がいつも付きまとっていたのですが、鉄道は身分制を打破しました。もちろん、運賃の額によって等級の差が

つくという点はありますが、身分の上下を問わず、運賃の支払いによって移動が可能になるという新しい方式がここに登場したことになります。これは近代社会の一つの大きな特徴で、近代社会とは、対価の支払いによってすべての人が平等にその効果を得られるという性格を本来持っています。

移動の自由

しかも、その移動の保証は、運賃を支払ったということを証明する乗車券を持つことによって成立します。それまでは旅行をする場合には、幕府や藩の指定する地域の境界に関所が置かれていて、その関所を越える場合には旅行手形、現在われわれが外国に行くときに持たなければならないパスポートにあたるような証明書を持っていかなければなりません。たとえば、江戸から小田原まで旅行するときは、そのような証明書は要らないけれども、箱根の関所を越えて旅行するときには、そのような旅行手形を持たなければいけないということになります。その手形は、大きさがだいたい三〇センチから四〇センチ四方になる大きな紙に住所・姓名・年齢が書いてあって、その人の住んでいる地域の名主・庄屋の掌の跡、文字どおり手形が押してあるものです。そのような旅行手形を折りたたんで持ち歩き、それを関所の役人に呈示しなければ通ることができません。したがって、旅行の自由は非常に制限されていました。この関所が一八六九年に撤廃されて、はじめて旅行の自由、移動の自由が実現するわけですが、鉄道で旅行・移動する場合には、運賃を支払ったということを証明する乗車券が、列車による移動・旅行を保証します。その乗車券は非常に小さな形のもので、しかもこれは無記名です。ですからこれは、旅行を許すという免状ではなくて、運賃を支払った対価として与えられる有価証券です。近代社会においては、国内の移動は自由な権利として保障されます。したがって、旅行をするときに免状は必要ない。鉄道で移動するときに、運賃を支払ったということを証明する乗車券を持てばよろしい、という原則が成立したのです。そこにも、移動の方式のまったく新しい形が生まれたことが分かります。

その乗車券は無記名です。誰が持っていても、それを持っている人が移動の主体になるというわけで、そのような無記名有価証券の方式が生まれてきたということは、いまも述べたように、移動の自由を保障する方式が、まったく変わってしまったことを意味します。現在、定期乗車券は記名式ですが、普通乗車券や指定券は無記名です。この無記名有価証券の方式は、近代社会における権利保障方式の一つの大きな特徴ということができます。*

＊ それならば乗車券には個性を特定する要素がないかというと、実際にはあります。乗車券の券面（硬式券なら裏面）に記載された番号（券番）です。その番号は、発行順の番号であり、と同時にそ

れは開業当時は乗車順位の番号を意味していました。この乗車順位の番号の意味は、定員以上の乗車を禁止する場合に、その番号が優先順位を示していたのです。現在ではそのような定員乗車の原則を守ることはできません。このような定員乗車の原則を守ったら、通勤輸送はもちろん、途中の中間駅から乗車する人の乗車保証は、極めて複雑な手続きが必要になります。したがって、券番は発売枚数の集計資料という意味を持つだけになっています。

乗車券は、徹底的に個人性を消しました。その人の性別、身分、年齢、職業、住所、すべて問われることはありません。すべての人が平等に移動の権利を保障されるという方式が、ここに生まれてきます。この方式は、近代社会のまったく新しい制度として、人々に新しい社会がやって来たのだということを自覚させました。

ここまで見てきたのは、大量輸送という鉄道の特質と、そこに生まれる乗合方式、さらに移動を保証する乗車券方式、それらが日本社会に「近代」のルールを持ち込んだという点です。

移動時間の短縮

今度は、鉄道のもう一つの特質である移動の速度について触れます。

実際に鉄道が持っている高速輸送手段という性格は、それまでたとえば東京から横浜まで、だいたい六時間から七時間かかっていたものを、一時間足らずに短縮するという形で現われます。それまで徒歩による場合、東京―横浜間では、滞留時間を考えると日帰りは不可能です。ところが鉄道の場合には、一時間に一本の列車運行方式がとられているために、午前中に横浜まで行けば、午後東京に帰ることが可能になりました。これは移動速度と運転本数によって実現されていきます。そのようにして、列車の持っている高速輸送手段という性格が、移動時間を短縮しました。それと同時に、それまでよりもはるかに遠い所まで移動することができるようになるという新しい状況が生まれてきました。したがって、鉄道の線路がだんだん延長されていけば、人々の移動範囲は次々に拡大されていくことになります。移動時間の縮小と空間的な拡大、これが鉄道がもたらした大きな効用でした。*もちろんそれまでの交通手段の場合でも、馬を走らせることによって速度を確保し、そして遠い所まで早く行くことを考えるという試みは行なわれていました。また早駕籠《かご》という方式によって、江戸と京都の間を三日か四日で走ってしまうということもありました。しかしこれは大変異常な事態のときのことで、普段こういう方式を使うことはできません。だいたい江戸と京都の間は一五日ないし一六日を必要とするというのが常識でした。それが実際に東京から京都まで鉄道が開通すれば、二二時間から一四時間で移動することができるようになります。その鉄道が京都・神戸まで延びていく五〜六年前に、馬車が開通していました。しかし、この東京から京都・大阪までの馬車も、だいたい七日を必要とするとされています。馬車の移動速度は、だいたい徒歩の二倍ということになります。そして鉄道は、徒歩の一六倍、馬車の七倍か八倍の速度での移動を可能にしたということになります。

＊ 例えば、池上《いけがみ》（東京都大田区）の本門寺で一年に一回御会式《おえしき》という祭りがあります。この祭りは、江戸から出ていく場合には、池上で一泊しなければならないとされていました。しかし鉄道が開業すると、人々はまだ大森に駅がないために、川崎まで列車に乗って行きます。そして川崎から六郷の橋を渡って大森に戻って御会式に出て、それからまた川崎に出て、東京に帰るのですけれども、それでも日帰りが十分可能でした。そのうちに大森に駅が開業すると、もっと便利になります。いずれにしても、それまでの移動の習慣を完全に打ち破ることができるようになりました。東京の両国で川開きが行なわれるときも、夕方横浜から出て来て川開きを見て、そして午後九時過ぎの臨時列車に乗って横浜に帰ることが可能になりました。

その当時の新聞などには、さまざまな話が載せられています。品川の質屋のおかみさんが、子供を寝かしつけて横浜まで用事に出かけ、用事を済ませて品川まで帰ってきました。その間だいたい三時間、その間子供はずっと眠り続けていた。本当に便利になりました、というような感想がそこに付けられています。

近代社会の技術の発達は、鉄道の大量輸送手段としての量の増大、と同時に速度の増大をもたらします。量の上でたくさんの人やものを運ぶことができるという特性と、同時に速い速度で移動を可能にしていくという特性をもたらしました。したがって、鉄道は近代社会の新しい形を人々の生活の中にもたらしていくのと同時に、人々の生活空間の拡大、それからまた、その移動の速度の増大というそれまでまったく予想もできなかった新しい効用をもたらしたことになります。効用は他にもありました。

生活空間の拡大

鉄道の運賃は、たとえば東京と横浜の間を一泊して帰ってくるときの宿泊費や食費を加えたものに比べて、はるかに安いということがわかります。そうすると、移動の費用がそれまでに比べて非常に安いものになってきたという効用も生まれました。最初に開通した鉄道の運賃は、今から考えてもかなり高いものです。新橋―横浜間の運賃を現在の貨幣価値に換算すると、三等で三〇〇〇円から四〇〇〇円くらいになります。それでも、途中の食費や宿泊費を入れれば、往復六〇〇〇円でもまだ安いということになります。当時の運賃を見ると、だいたい船で東京―横浜間が三〇〇〇円、馬で六〇〇〇円くらい、駕《か》籠《ご》で九〇〇〇円くらいでしたから、鉄道の運賃は当時の移動の費用に比べても、同等のものとなったのだろうと思います。そのようないわゆる旅行が、当時の人々の生活習慣の中で、それほど日常的なことではなかったということを、その運賃の高さが示しているのかもしれませんが、鉄道の運賃は、現在の常識からするとかなり高いものなのだけれども、しかし当時の馬や駕籠の運賃と比べると、ほぼそれと同等のものであるということになり、しかもその運賃は、しだいに引き下げられていきました。

移動の費用が安くなり、また移動中の安全についても、途中で盗賊に襲われるという危険がそれまでたくさんあったのですが、それが安全な移動が可能になることによって、安心して旅行ができるという意識が、人々の間に広がっていきます。そうなると鉄道は、信頼すべき移動手段ということになります。はじめて機関車が走るのを見て、このようなものは、魔術によって動かされているもので、このようなものに乗ったら殺されてしまうというイメージを持った人々もいましたが、しかし実際に鉄道を利用することによって、それは魔術でも何でもない、むしろ自分たちの移動を保証してくれる便利な輸送手段なのだという認識を持つようになりました。ですから、鉄道についての人々の認識は、むしろそれを利用することによって、その効用を否応なしに認めざるを得なくなる。それがだんだんと習慣になることによって、鉄道を利用することに違和感を感じない方向に進んでいきます。誰でも平等にいつでも利用する

鉄道についての認識の変化

ことができる輸送手段であるといった認識が、人々に広がっていきます。鉄道が日本で比較的早く定着していった背景には、そのような認識が非常に速い速度で広がっていったということがあるのではないかと思います。

こうして、もうこれまでの旅行の常識は完全に覆され、二〇〜三〇キロ程度の移動はごく日常的な移動とそれほど変わらない形で考えることができるようになってきます。そして、旅行を日常性から切り離して考えなければならない距離というのは、だいたい東京から三〇〇キロとか五〇〇キロという遠い所に拡散していきます。一〇〇キロ程度の距離を移動するということは、それほど非日常的なものとして考えなくてもよくなってきます。箱根の温泉に三泊して帰ってくるという旅行は、江戸時代の人々にとっては大変な旅行だったのですが、鉄道が開通すると、それほど大仕事ではなくなります。東京から手近な所、日光を見物してくるというようないわゆる観光旅行は、日光で一泊するだけで十分可能になります。明治の初めに考古学者のエドワード・モースがアメリカから日本に来て、日光まで旅行したときは、馬車で行って帰ってくるのに最低一〇日くらいは必要とされたのです。

そのように鉄道の開通は、移動距離の認識を通じて空間認識のあり方を変えました。空間認識の変化については、駅という公共空間の登場による公共施設に対する認識のあり方、また先ほど触れた乗合方式による客車の車内におけるこれも公共空間の認識を考える必要があります。その公共空間の中に自分を置いて、人々は社会の構成員としての自己認識のあり方を求められます。これらの点については、以前に『駅の社会史』『汽車から電車へ』で触れましたので、ここではこのような問題があるということを指摘するにとどめます。

時間認識の変化

時間認識については、たとえばそれまでの人々にとって、時間認識の最小単位はだいたい一五分でした。今の私たちは、時刻の最小単位を秒で考える。しかし、当時の人々にとっては、分という時間の単位もありませんでした。時《とき》という時間の単位しかなかったのです。二時間を一時（刻《こく》）として、その半分、今の一時間を半時（刻）、それを四つに分けて四半時、一五分とする。それが時間の最小単位でした。しかもこの時間は、冬と夏によって長さが変わります。一日を二四等分または一二等分するのではなく、昼間の時間が長いとき、また夜の時間が長いときによって、昼間の時間と夜の時間の長さが変わっていきます。これを不定時法といいます。今でいう朝の六時と夕方の六時は、夜明けと日没によって設定されていくわけです。したがって、夏になれば夜明けから日没までの間の一二時間は長くなり、夜の一二時間は短くなる。そして冬になると逆に、昼間の一二時間が短くなって、夜の一二時間が長くなります。このような不定時法の時間単位からいけば、そのように時間を細かく区切るというのは難しかった。時計がなかったわけではありませんが、その時計も、夏と冬で針の進め方を変えるという細工をしなければなりませんでした。ですから、時間をあまり細かく区切って生活するという生活のあり方は、もともとなかった。人々がめいめい時計を持っているというような生活はありませんでした。都市では、いくつかの場所に設置された時の鐘《かね》によって時刻を知る。農村では寺が打ち出す鐘によって時刻を知るというようにして、与えられた形でしか時刻を知ることがありません。

ところが鉄道が開通すると、最初鉄道が開通したときには不定時法が使われていたのですが、鉄道は分単位で列車を運行するということになりました。社会全体が不定時法を使っているときでも、定時法でなければ列車の運行はできませんから、定時法を採用しました。これは、夏も冬も関係なく一日を二四等分して時刻を決めていくという方式でした。ですから、明治五年九月に鉄道が開業したとき、さらにもう少し早く明治五年六月に仮開業したときに、人々の生活時間は不定時法で、列車の運行時間は定時法であるという二重の時刻制度が行なわれたことになります。一八七三年一月一日＝明治五年一二月三日に太陽暦が採用され、その日に不定時法が廃止されて、ようやく定時法に統一されます。

人々は、鉄道が開業したことによって、新しい時間単位を身に付けなくてはならなくなりました。たとえば朝八時というような時刻は、これまでの時刻の数え方から*いえば、五つということになります。この数え方では、八時三五分ということになると、まったく見当がつきません。自分は時計を持っていない。どういう風にして時間を考えたらよいのか、当時の人にはまったくわからない。こういった新しい時刻の数え方を始めたのは、鉄道や、鉄道の開通とほぼ同じ時期に始まった学校、そして軍隊、警察といった機関でした。子供たちは学校に通うことによって、新しい時刻の数え方を身に付けなければいけません。その頃の時刻認識では、依然として農村などでは夜明けが寅卯《とらう》の刻であり、日暮れが酉《とり》の刻でした。その方が、農耕にはるかに便利だからです。しかしその人々も、旅行することになれば、駅に到着する列車の時刻に合わせなければなりません。そのようにして人々の生活は、鉄道を利用することによって、新しい時刻の認識を要求されるようになります。

人々は、新しい時間には分というものがあるのだということを認識せざるを得なくなり

＊　九つから始まって四つで終るという二時間ごとの単位が二回繰り返されるという時刻の数え方。九つ八つと数えていき、朝の六時が六つであり、夕方の六時が六つとなります。

ました。秒単位がいつ頃から出てくるのかは、まだ分からないことがありますが、現在の鉄道は一五秒単位を基準とし、大都市やその周辺の頻繁に列車を運行する所では一〇秒単位で運行するという原則が立てられています。現在の身近な社会活動の中で、時間単位が一番小さいものはテレビの番組でしょうか。スポンサーの負担する金額は秒単位で決められていますから、放映の時刻は秒単位で決められています。わたくしたちの社会システムには、秒単位がかなり広まっています。そのような秒単位で動く社会システムが成立してくるのは、だいたい一九一〇年代頃と考えてもよいと思いますが、産業革命の進行は、時間の単位の分割・縮小を実現していきます。そのような時間単位の分割・縮小が、まず鉄道によって実現し、それが人々の生活に大きな影響をもたらしていったということを、ここでは忘れてはいけないと思います。このように見てくると、鉄道は人々の空間意識あるいは時間意識のあり方を大きく変えていったということになります。

鉄道を使う立場の成立

ここでの課題は、私設鉄道の成立や、また線路の延長が、鉄道の役割を飛躍的に高めたこと、そしてそのことが、導入された鉄道という輸送手段を思いのままに使いこなす立場をつくりあげたこと、いわば鉄道を使う主体的な立場の成立ということです。

鉄道建設・運営の主体

鉄道を建設・運営する場合に、誰が資金を出して誰が運営するかということは、鉄道の問題を考える上で、非常に大きな問題です。イギリスの場合はいうまでもなく、その地域の資本家たちが資金を出して、自分たちの必要に応じて鉄道を造り運営するという体制から始まりました。フランスでも、アメリカ合衆国でも同様に、この方式を採ってきました。これに対し、あとから鉄道を建設したドイツでは、国内経済の近代化を急ぎ、最初の段階では私設鉄道として発足しますが、まもなく国有化の方向に進んでいきます。*

* これを推進したのは、その当時の総理大臣であったビスマルクであるというので、この国有はビスマルク的国有と呼ばれました。このビスマルク的国有が実現していくのは、経済的な力の強化というだけでなく、ドイツの鉄道は、となりの国のフランスと戦争をするときに、軍隊を能率よく輸送するという要請のもとに建設されましたから、軍事的な理由が鉄道国有を実現するきっかけになっていった面も見逃すわけにはいきません。したがって、鉄道の国有化は、ドイツの場合は経済的要請と軍事的要請の二つから進められていったということになります。その他、イギリスの植民地のインドであるとか、オランダの植民地のインドネシアというような地域では、だいたいイギリスやオランダの資本が資金を投下して鉄道を建設するという方式が採られていきました。

日本の場合には、先に見たように、最初は外国人が投資して私設鉄道の形で建設をしようとしましたが、明治政府は、外国の資本が入ると日本の独自性あるいは自立性が失われると考えて、外国資本の導入を排除しました。また莫大な資金を必要とするので、国内の資本には、とても期待することができませんでした。*それで当初は私設鉄道方式を諦めざるを得ないという結果になりました。ですから、明治政府の側でも、官設鉄道の方式を終始一貫して採っていたというわけではないことが分かります。要するに、明治政府も資金がないので、鉄道の線路を延ばしていこうとすれば、結局は民間の資金に頼らざるを得ないということを知っていたことになります。ともかくも、一八七七年までに神戸―大阪間の鉄道を京都まで延ばしたのですが、もうこれで息切れがしてしまって、東の大津の方へ線路を延ばしていこうという計画を立てましたが、ちょうど西南戦争が起こると、そちらの方に資金を回さなくてはならなくなり、鉄道の建設は停滞してしまいます。一八六九年に立てた東京と京都の間の幹線鉄道の建設という基本計画は、ここで停滞しました。東京からの線路については、東京―横浜間の鉄道は支線の扱いで、東京から高崎、さらに高崎から碓氷峠《うすいとうげ》を越えて上田の方に延ばし、これを西の方に延ばしていこうという中山道《なかせんどう》経由の計画が立てられていました。鉄道の線路を建設する場合には、両端から線路を延ばしていき、中央で連絡させるというのが常識で、西の方から線路を延ばすとともに、東の方からも線路を延ばそうと考えたわけですが、しかしここでは東京―高崎間の線路の建設も難しいということになってしまいました。

＊　三井や鴻池というような大坂（のち大阪）の商人に資金を出させて鉄道建設を実現しようとした動きはありました。それは主に京都と神戸の間、それからさらに京都から東の方に線路を延ばしていこうという計画の下に鉄道会社を創るという計画でした。そして実際に資金を集めてみたわけですが、

とても資金は集まらないという結果が出て、この計画は中途で挫折してしまいました。

民間資本による鉄道建設計画

そのようなときに、政府の手で建設ができないならば、民間で鉄道を建設することができないかという動きが東京で起こってきました。そのいきさつは非常に複雑で、最初は、政府が経営している新橋—横浜間の鉄道の払い下げを受けるという、鉄道払い下げ運動が始まったりします。さらに、江戸時代の終りまでの公家《くげ》、大名《だいみょう》、または士族《しぞく》の資金を使うという方式が考えられました。彼らは、明治に入ってからも、幕府時代に受けていた禄《ろく》を政府から受けていたのですが、明治政府の財政はかなり圧迫されるので、一八七六年に政府はその禄を全部はずしてしまいます。そしてその代りに秩禄公債《ちつろくこうさい》という公債証書を発行して、これでとにかく食べていけという指示を与えました。しかしこの公債は、それをすぐ現金に換えることはできません。そこで華族《かぞく》や士族は、その秩禄公債を売るとか現金にする方法はないだろうかと考えます。要するに、秩禄公債というまだまったく架空の資金をいつかは政府が現金に引き替えるという保証をして、それを鉄道の建設に振り当てれば何とかなるのではないかということでした。この方策を実行に移したのが、鉄道会社の設立ということになります。ですから、ここで設立された鉄道会社は、秩禄公債を担保にし、銀行からいくらかの資金を引き出し、それによって鉄道を建設するという方式を採っていくことになったわけです。

その方式が決定したのが一八八一年でした。会社の役員は、ほとんどが旧公家と大名であった華族でした。そして岩倉具視《いわくらともみ》が中心となって、鉄道会社の運営をリードしていきました。そのようにして、官設鉄道の原則は一応ご破算にして、秩禄公債をあてにした鉄道会社を創立するという措置がとられました。これが日本鉄道会社でした。この日本鉄道会社は、地方の富豪などからも資金を集めて、それを運用する方式を採りました。しかし、建設や運営は全部政府に任せる方式が採られていきます。したがって、この会社は、いわば資金提供会社という性格を持つことになりました。

日本鉄道会社の建設

そこで、どこへ線路を建設するのかという点については、まず東京―高崎間の線路を建設し、あとの建設区間については、東京―青森間の鉄道を建設するほうが有利ではないかと考えました。その頃になると、日本鉄道だけではなく、京都から琵琶湖の連絡船を使って、琵琶湖の北から金沢、富山の方に線路を延ばそうという東北鉄道の計画も作られていきました。これは元加賀藩主《かがはんしゅ》である前田家とか、元福井藩主である松平家とかいう旧大名たちが資金を出して鉄道を建設しようとするわけですが、これは実現しないで終ってしまいました。そういった元の大きな大名たちが鉄道を建設しようとする動きが、少しずつ始まっています。

そのようないきさつの上に立って、日本鉄道は東京―高崎間の鉄道の建設をすることになります。この線路は、なんとか新橋―横浜間の鉄道と結び付けたいという政府の意向もあって、品川を起点とすることとし、このほかに上野にターミナルを造りました。*

＊　実際に東京の市内に線路を建設するということになると、非常にたくさんの建物をどかさなければならないという問題も出てきます。そこで、いくつかの比較線を考えていきますが、どれもうまくいかない。なるべくその市街地の中で、建物を排除しないで線路を建設することはできないだろうか、ということが考えられていくのですが、仕方がないので品川から南の方に線路を延ばしてすぐに北へ転じる、今の山手線の線路です。これならば、東京の市街地を通らなくても済むというところから、渋谷・新宿・目白と、東京の市街地の西側の田園地帯を通って、そして赤羽に取り付く。そこで荒川に橋を架けて、高崎の方へ線路を延ばしていくというルートが決められていきました。しかし、それだけでは東京のターミナルが十分に機能しない。やはり赤羽から東京の市街地のどこかに線路を延ばす必要があるという意見が出されて、そのターミナルをどこに置いたらよいのかという問題が考えられていきます。結局のところ、山の手台地の東のはずれを通って、王子から田端へ抜けて、そして上野まで来ます。上野には、江戸時代に寛永寺《かんえいじ》が山の上にも下にも寺の土地を持っていました。そして、その寺の土地はすべて政府が引き継いでいます。そして、その政府が引き継いだ寛永寺の山の下の部分、たくさんの下寺《したでら》が造られていた部分ですが、この下寺を全部取り壊して、そこにターミナルを造

るということが決まりました。これが上野駅となりました。したがって、この日本鉄道は二本の線路を造って、一つは品川駅に接続させる、もう一つは上野駅にターミナルを造るということが決定しました。

工事を実際に始めてみると、赤羽《あかばね》―上野間の方がはるかに早く進んでいきました。そして一八八三年七月には上野―熊谷《くまがや》間が開通し、その翌々年の八五年に赤羽―品川間が開業します。今の山手線《やまのてせん》の原形は、そのような動機から造られていったということになります。この線路が熊谷から高崎まで延長したのが八四年、そして八五年に赤羽―品川間が開業して、新橋―横浜間の鉄道と結ばれたということになります。

貨物需要の拡大

ところがここで、政府も日本鉄道会社もまったく予想しなかった事態が起こりました。それは、この鉄道は旅客輸送より貨物輸送のほうが、はるかに要請が大きいということです。日本の鉄道は、それまで貨物輸送よりも旅客輸送の比重のほうが大きかったのですが、日本鉄道が品川で官設鉄道と結ばれると、非常にたくさんの貨物が運ばれるようになります。それは、高崎に集中する繭《まゆ》・生糸《きいと》を横浜に運ぶという流れが成立したからです。日本の開港以来、繭・生糸は非常に重要な輸出品でした。そして、その繭・生糸の中で、比較的江戸や横浜に近い関東平野の北部で作られる繭・生糸が、輸送距離も短いということから、大量に横浜に集められ輸出品としてアメリカやヨーロッパに運び出されるようになっていきました。ところがこの繭・生糸は、高崎から横浜まで運ぶ場合には、倉賀野《くらがの》で船に積んで利根川を下り、今の江戸川の河口に出て、そこから横浜に運ぶというルートによっていました。そうすると、高崎―倉賀野間を車で運んで船に積み替えるという作業が必要になります。もともと繭・生糸は非常に傷みやすく、積み替えが最も苦手です。積み替えるごとに損失が一〇％を超えるといわれてきました。したがって、なるべく積み替えをしないで、しかも早く運んだ方がよい。なぜ早く運んだ方がよいかというと、繭・生糸の輸出の値段は、その日その日の取引条件によって変化することが多いからです。横浜に運ぶのに二日も三日もかかると、横浜での値段の変動に対応できないという問題が出てきます。そこで、少なくとも高崎から横浜までその日のうちに運び出してしまうということが必要になります。そして、横浜から高崎に電信で、明日はどのくらい送ってほしいという要請が届けば、すぐそれに対応できる。これは鉄道ならば可能です。そこで、それまで船で運んでいた繭・生糸を鉄道輸送に変えてしまう業者が増えていきました。そして、高崎―品川間が開業した八五年からすぐに、鉄道が繭・生糸を運ぶ輸送ルートの中心になってしまいました。これは、日本鉄道会社の側も考えていなかったことでした。そして、この貨物輸送による収益が、非常に大きなものになっていくという結果が生まれました。鉄道は本来、旅客輸送だけでなく、貨物輸送でも収益を上げることができるのだという事実が、日本鉄道会社や政府に認識されていくことになり、それからまた、一般の人々にも、鉄道という企業は非常に大きな収益を上げることができる企業なのだという事実が認識されていきます。

資本蓄積と鉄道建設

新橋―横浜間に鉄道が開業したときには、鉄道の輸送というものが、人々の生活に大きな変化をもたらすという事実が認識されていきました。こんどは、日本鉄道の高崎―品川間の開業によって、鉄道の貨物輸送が大きな収益を上げるという、流通の上での利益がかなり広く認識されるようになります。ですから、この新橋―横浜間と高崎―品川間の二つの鉄道は、鉄道の輸送機能の両面をはっきり認識させる結果になりました。この一八八五年から八六年というのは、ちょうどそれまで行なわれてきた政府の殖産興業《しょくさんこうぎょう》政策が挫折して、西南戦争のあとに起こってきたインフレーションがほぼ頂点に達し、そこから新しい資本の蓄積が開始されていく時期に当たっています。要するに、日本の資本主義の経済体制がそこから出発したという時期に当たっています。そのような資本の蓄積が一挙に進んでいくという時代、民間の企業の中でも、岩崎が創った三菱などが、これも資本の蓄積に当たるのですが、それまでの汽船の運営によって得た利益を造船所に投資するというような形に見られるように、それまでの三井や住友というような資本に加えて、新しく成立してきた民間の資本が新しい産業に資本を投下していくという、その蓄積と投下が始まります。そして労働力は、このインフレーションの時期からインフレーションが収束していく時期に階級分化が起こってくる。これまで農地を自分で持って耕してきた人々が、インフレーションが一斉に終っていくという時期に物価が下がって収穫物を売ることができない、そのためには田畑を手放さなければならないという事態が起こって、小作人に転落していく自作農が非常に増えていきます。そのような階級分化によって、富を蓄積した人々は地主となり、蓄積できなかった人々は小作人になり、小作人に転落した人々の多くは、その村に住むことができなくなって、都会に出て工場の労働者として働くようになる。このようにして、一方では資本の蓄積と、他方では労働力の創出という二つの条件が一挙に成立します。これが日本の資本主義成立の最初のきっかけになりました。そのような資本の要請が、鉄道の建設をさらに促進するということになりました。しかし、その当時計画された鉄道の路線は、全部が全部そのような資本の要請によっていたのかというと、決してそうではなくて、大部分は鉄道会社という組織を作って株を募集し、その株を集めて、ある程度の利益が得られると、鉄道会社をやめてしまうという本来鉄道を建設するという意図がまったくない企業が多かった。泡沫《ほうまつ》企業、いわゆるバブル企業です。

ですから、そのような株の発行だけで利益を得ようという鉄道に投資をして、大変な損失を被るという人が後を絶たなかったわけですが、実際に地域の資本家たちが、自分たちで資金を出し合って鉄道を建設していこうという動きがまったくなかったわけではありません。たとえば、筑豊《ちくほう》の炭鉱資本家たちが、掘り出した石炭を港まで輸送するために鉄道を建設する筑豊鉄道（筑豊興業鉄道）であるとか、伊勢崎《いせさき》、足利《あしかが》、桐生《きりゅう》地域の人々が日本鉄道の高崎まで鉄道を建設して、繭・生糸・絹織物などを横浜に輸送しようと考えた両《りょう》毛《もう》鉄道など、いくつかの産業鉄道が生み出されていくようになりました。*

＊　そのようにして資本主義が成立してくると、私設鉄道の動きが次第に活発になります。それらの鉄道の中で最も大がかりな計画は、松本から御殿場《ごてんば》まで鉄道を建設しようという甲信鉄道でした。この甲信鉄道は、諏訪、それからまた山梨県の生糸・繭・織物の生産者たちが資金を出し合って、その当時横浜から西の方に線路を延ばしていた官設鉄道東海道線に接続させようという計画でした。これが実現すれば、群馬県北部の繭・生糸生産地帯に対抗して、長野県と山梨県の繭・生糸を横浜に送り出すことができるという計画です。しかし、この計画のネックは、甲府と御殿場の間にありました。籠《かご》

坂峠《さか》という非常に険しい山地を越えなくてはなりません。今のようにトンネルを掘って簡単に抜けるというわけにはいきません。そこにケーブルカーを建設しなければならないという問題が出てきました。その方式をどのようにしたらよいかということを考えているうちに、一八九〇年日本最初の資本主義恐慌が起こり、甲信鉄道の計画は挫折してしまいました。

東海道線の開通

この頃までに官設鉄道はまったく建設をやめていたのかというと、決してそのようなことはありませんでした。京都から東の方に線路を延ばしていくという計画も進められて、一八八一年に大津まで鉄道が開業しました。そして、八二年から八三年、八四年と、敦賀《つるが》から南の方へ鉄道の建設が進められました。そして長《なが》浜《はま》まで鉄道を建設し、琵琶湖を船で横断し、大津に結ぶという路線が実現していきます。また、長浜から名古屋の方に向かって鉄道を建設するという工事が始まっていました。これによって、東京―神戸間の線路がいつかは開業するというメドが立ってきました。その頃彼らが考えていたのは、前にも触れたように中山道沿いのルートでした。一八八三年の暮れに中山道鉄道公債条例が公布されて、これによってはじめて政府はこの幹線鉄道に関する資金を保証することになりました。要するに、日本鉄道の上野―熊谷間が開通した段階で、政府はようやく公債資金を元手に幹線鉄道を造ろうという決断をしたのです。そしてその公債条例に基づいて、長浜から愛知県の知多《ちた》半島の武豊《たけとよ》まで線路を建設し、また高崎から横川まで線路を建設し、碓氷峠を越えて軽井沢、上田の方に線路を延ばすという計画が進められていきました。

ところが実際工事を始めてみると、長浜から武豊までの線路はそれほど問題がないのですが、横川から軽井沢に抜ける碓氷峠越えは、それほど簡単に線路を建設することができないということがわかってきました。また線路全体を眺めても、ほとんどの区間が一〇〇〇分の二五以上の急勾配になってしまう。そうなると輸送力が極めて限られてしまうということがわかってきます。そこで鉄道局長井上勝《まさる》は、自分の部下を使って東海道沿いの線路の調査を始めました。その結果、一〇〇〇分の二五の区間は、国府津《こうづ》から沼津までの区間に限られ、あとはほとんど一〇〇〇分の一〇以下の勾配で建設できるという結論に達しました。そこで彼は、中山道鉄道の建設をやめて、東海道鉄道の建設を進めることを政府部内に熱心に説いてまわり、その結果一八八六年七月、東海道鉄道の建設を内閣が決心するところまで漕ぎつけました。*そして、一八八九年七月一日、新橋―神戸間の鉄道が全通しました。

＊　そのような政府の決定の背後には、陸軍の意志が働いていました。明治政府が一番最初に中山道鉄

道の建設を決定したときには、東海道はある程度交通が頻繁になっているから、東海道ほど交通量が多くない中山道に鉄道を建設したほうが、むしろ地域の開発には有利ではないかという判断が働いていました。そこで中山道というプランが決められていくわけです。しかも、陸軍がそのルートを支援しました。陸軍は、もし海岸に鉄道を建設すると、外国の軍隊が攻め込んで来たとき鉄道が破壊されるか、外国の軍隊によって利用されてしまう恐れがあり、したがって、鉄道の線路はなるべく海岸から離しておいたほうがよいという考えを持っていました。このような考え方に対して東海道鉄道の建設を主張しても、まず実現の可能性はなかったといわなければなりません。それが逆転した背後には、陸軍の戦略方針が一八八五年から八六年にかけて大きく転換したという事情があります。八五年に清国がフランスと戦争（清仏戦争）して敗北すると、日本の陸軍は清国に攻め込む戦略を立て始めました。それまで外国の軍隊が攻め込んで来るという前提で戦略を考えていた陸軍が、今度は外国に攻め込んでいくという戦略に転換します。そうなると、沿岸に鉄道線路を建設しても、それほど恐れることはないという結論が出てきます。そういった日本の戦略の転換、すなわち防衛戦略から外征戦略への転換が、線路のルート変更に決定的な力になったのです。そして、そのような戦略の転換を前提にして建設された東海道線が全通したのが一八八九年、これで幹線は成立しました。そして九一年には日本鉄道が東京—青森間の線路を全通させ、これによって神戸から青森までの縦貫幹線が実現します。

鉄道敷設法

この段階で政府は、鉄道の路線網のあり方について根本的に考え直すという必要性に迫られてきました。というのは、その前の年、先に述べたように九〇年に恐慌が起こると、それまで鉄道の建設を計画していた企業は、そのほとんどが恐慌の影響を受けて、鉄道の建設をあきらめ、放棄してしまいます。このように、経済の景気変動によって鉄道の建設が左右されるということは、政府にとって望ましいことではありません。政府部内でも、鉄道の建設は政府が自分の手で行なうという原則をきちんと立てるべきではないだろうかという方針が検討され始め、それだけでなく、政府が鉄道を自分の手で運営すべきだという意見も強まってきました。この意見を最も強く主張したのは井上勝でした。彼は「鉄道建設に関する議」という上申書を書いて、鉄道国有の方針を強く主張します。この方針は入れられて、一八九一年から九二年にかけて、鉄道敷設法という法律が帝国議会に提出されます。それまでようやく手が付けられていた九州鉄道、山陽鉄道、関西鉄道、甲武鉄道といったいくつかの企業はそのまま鉄道の建設を続けていきますけれども、このようないきさつから、今度は政府が全国の路線網を考えて、それに基づいて鉄道を建設するという方式が主流を占める方向に進むことになりました。したがって、鉄道の建設と経営に対する基本的な考え方は、いったんは私設鉄道のほうに傾いて、九二年の段階でまた官設主義に変わっていくということになります。

私設鉄道の繁栄

しかしこの頃までに、すでに造られていた私設鉄道の営業キロ数は、官設鉄道の営業キロ数を超えています。私設鉄道のほうが、はるかに長い営業キロ数を持つようになり、この段階では、官設鉄道と私設鉄道が並んでいくという形をとることになります。そのような私設鉄道と官設鉄道の並行の形に対しても、政府は鉄道敷設法によって、いつかはこれらの私設鉄道を国有化するのだという原則を立てたのです。しかし、このあとも建設されていく鉄道の官設・私設の色分けを見ていくと、やはり私設鉄道のほうが、かなり比重が大きかったと言わなければならないと思います。その理由として、そこには新しい資本主義の要請に基づいて、鉄道を建設するという動きがしだいに強まっていったということが挙げられます。それからまた、鉄道が非常に大きな収益を上げるという実績から、資金が集まりやすいという傾向もあったと思います。また政府の側から見ると、軍事費にかなり大きな比率を取られてしまうという状況の下で、鉄道の建設資金を確保するということは難しかったのです。したがって、この鉄道敷設法が公布された後も、どちらかというと私設鉄道に建設の比重が置かれていく、ということは否定できなかったと思います。

ただ、それらの私設鉄道を見ていくと、幹線を形成する鉄道は、山陽、九州、関西というような鉄道がありますが、その他の私設鉄道は、非常に局地的な鉄道、ローカル鉄道が多かったということがこの段階の私設鉄道の一つの特色です。

北海道の鉄道

それから北海道の鉄道については、もともと北海道の開拓使《かいたくし》が鉄道の建設を始め、官設鉄道の体制をとっていましたが、この開拓使が事業に行き詰まって鉄道を払い下げ、北海道炭礦《たんこう》鉄道という私設鉄道に転換しました。この北海道炭礦鉄道は、夕張《ゆうばり》や空知《そらち》の炭鉱から室蘭《むろらん》や小樽《おたる》に石炭を運び出すということが主な使命の鉄道でしたが、鉄道敷設法を公布したときに、これらの北海道の東部、さらに北部に線路を延長し、北海道の開拓に役立てるという要請を感じるようになりました。当時、水田耕作がしだいに北上し、上川《かみかわ》盆地などでも水田耕作が始まるという段階に入り、米、大豆などの農産物の輸送を行なう鉄道の必要性を感じ始めていました。そこで、鉄道敷設法とは別に北海道鉄道敷設法が公布されて、北海道炭礦鉄道に接続する線路の建設が始められていきます。稚内《わっかない》、網走《あばしり》、根室《ねむろ》という北海道の北端から東端に至る地域に線路網を造っていくという作業が始まります。これらの鉄道は私設鉄道ではなく、北海道庁の官設鉄道として建設されます。ですから、本州や四国、九州の鉄道と北海道の鉄道とは、もともと性格の違う鉄道として造られていったといってもよいと思います。本州、四国、九州の場合には、官設鉄道と私設鉄道が同時に並行する形をとっています。しかし北海道の場合には、炭鉱から港湾に石炭を運ぶ鉄道は私設鉄道、その周辺の地域の農産物を札幌などの市場に運ぶ鉄道は官設鉄道という形で、ある程度計画的な鉄道線路の計画が進められ、そしてその輸送分担がはっきり分かれるという形で線路網が造られました。

これが、ほぼ一八九五年頃までの日本の鉄道の線路網の形成過程です。

官設鉄道と私設鉄道の共存

ですから、私設鉄道と官設鉄道のどちらが優位を占めるのかということは、もともとあまり大きな問題ではなくて、資本主義の体制の成立が私設鉄道の建設を促すかと思うと、今度はそれとはまったく異なる幹線鉄道の要請を政府自身が持っていて、その私設鉄道を無視するような形で幹線鉄道が建設され、そこには政治的要請とか軍事的要請とかが働いていきます。要するに、経済的要請と政治的軍事的要請の両面が、私設鉄道を建設する要請に傾いたり、または官設鉄道建設に傾いたりというような、その時期によってかなり異なる要請が、鉄道の線路網の形成に働いていたということになるのではないかと思います。この状態は、だいたい日露戦争が終る頃まで続いています。日本の場合には、一貫して官設鉄道の方針でいったとか、または一貫して私設鉄道の方針でいったとかということはなかったのだ、ということなのです。

このようにして、鉄道が開通してから二〇年後に鉄道敷設法が公布されたわけですが、この頃までに、鉄道を建設・運営する側は、鉄道の役割をきちんと認識し、鉄道のシステムについても、これをどのようにしたら効率よく運用することができるかという点について、具体的な問題点を把握することができるようになっていました。鉄道を利用する側にとっても、たとえば東京から京都まで二〇時間という到達時間は、それまで考えられなかった速さでしたし、旅費という点から見ても、はるかに安上がりになったのですから、鉄道の通っているところへの徒歩旅行などは考えられなくなってきました。こうして、二〇年ばかりの間に、鉄道を使いこなす姿勢ができあがったのです。

鉄道の発展と技術の自立

鉄道と産業革命

一八九〇年代に入るまでに、鉄道はすでに異文化どころか、日本の社会の仕組みの中に溶け込み、社会の発展を支える力を発揮するようになりました。ここではまず産業革命との関連を考えることにします。

ヨーロッパの鉄道と産業革命

鉄道と産業革命とは非常に深い関係を持っていて、これまでに見てきたように、世界で最初に鉄道が開業したのも、産業革命を押し進めていくという動機によるものでした。同時に、新開発の蒸気動力の採用という動力の革命が軸となっているわけですが、鉄道の建設は、この蒸気動力を輸送に応用するという目的を持っています。ですから、鉄道の建設と開業は、産業革命を押し進めていくという目的と、動力の革命がそれを可能にしたということと、この二つの相互作用によっています。産業革命が鉄道を生み出し、そこで生み出された鉄道が産業革命をさらに推進する結果をもたらした、という関係が考えられます。

このように考えると、鉄道と産業革命との関係というテーマには、鉄道は、生産力の発展と生産力をさらに上昇させていくために生まれ、流通を頻繁にし、便利にすることによって、さらに産業革命を推進するという意味が含まれています。イギリスでもフランスでもドイツでも、鉄道は産業革命の中から生み出され、産業革命を押し進めていきました。ヨーロッパの場合は、だいたいそのようなパターンが生まれていきます。

しかし、アジアの場合は、大部分の地域がヨーロッパの植民地になっていて、自分の力で産業革命を起こし、自分の力で鉄道を建設するという力はなかったといわなければなりません。

日本の鉄道と産業革命

そういった状況の中で、日本だけは独自の力で鉄道を建設する方向に進んでいきました。それでは独自の力で鉄道を建設した日本は、産業革命を同時に進めていったのかというと、そうではなく、まだ産業革命が起こる前から鉄道を建設する方向に進んでいきます。したがって、日本の鉄道は産業革命を欠いた鉄道である、あるいは、産業革命を欠いたままの鉄道であった、ということになります。そこがヨーロッパの鉄道との大きな違いで、そのように産業革命を欠いたまま鉄道を造った結果は、日本の鉄道のさまざまな特徴を生んでいきます。たとえば、車両を造る、あるいは線路やさまざまな資材を造る力がまだ十分についていません。したがって、車両も線路も資材も輸入に頼らなければならない、つまり鉄道を自前で造っていくことが十分にできないということ、これがまず第一です。第二の特徴は、鉄道が産業革命を呼び起こす作用をしたということです。鉄道の建設によって、その地域に産業革命が進んでいくという結果が生み出されていったということです。

中央集権強化を目指した鉄道

そこで、日本における鉄道と産業革命の関係を考える場合、この二つの特徴がどのような形で現われたかを見ることが、ここでの大きな課題になると思います。この問題を見ていく場合に注意しなければならないことは、工業化が進んだことによって鉄道網が形成されたとは言いにくい、つまり工業化と鉄道とは十分につながりを持っていなかったということです。要するに、工業化が発展したから鉄道が建設されたのではないということ、このことをまず認識しておく必要があると思います。それでは、なぜ工業化が進まないのに鉄道を建設したのか。つまり、日本の鉄道を建設していく場合の動機がどこにあったのかというと、鉄道がもたらす経済的な効果を期待して建設したのではなくて、むしろ中央集権制を強めていくために鉄道を建設するという政治的動機のほうが強かったということを考える必要があります。そして、鉄道建設の主体になった明治政府や、のちに私設鉄道の経営者となった人々は、当初は鉄道の建設によって、さまざまな地域の動きを東京へ集約していくことを構想していたのではないかと考えられます。それは中央集権制強化の目的に適っていました。実際に初期の頃に建設された線路のネットワークを見ても、幹線鉄道が非常に多いということが分かります。東京—神戸間や東京—青森間というように、まず幹線鉄道の建設に重点が置かれていました。そこに鉄道建設の意図がはっきりと現われています。

鉄道と産業の発展

ところが、実際にそのような幹線鉄道を造っていくと、その沿線地域で中世近世以来続けられてきた産業が、鉄道の開業に誘発されて、製品を横浜や神戸に運ぶというようにして輸出産業の基盤を固めていくことになりました。とくに、繭・生糸、それから茶を横浜や神戸に運ぶ手段として鉄道が機能する。それによって、それまで手工業的な方法で生産されていたそれらの製品が工業化するという結果が生まれました。輸出品として、必要に応じてたくさんのものを造らなくてはならないという需要が生まれてくると、それまでの手工業的な方法によって造っていたのでは間に合わないということになって、そこから新しい工場を造って、動力革命を進めながら、生産力を高めていかなくてはならないという要請が生まれます。たとえば、静岡の茶は明治維新の後になってから、失業した武士たちが栽培を始めたものですが、その茶を輸出品として使えるということから、まず清水に集めて、そこから船に積んで横浜まで運んでいました。ところが、茶の葉はすぐに湿ってしまうので、輸送に時間がかかると売り物にならなくなる。そこで、早く乾燥させるために清水に工場を造って、静岡県下から集まってきた茶を清水で加工して、それを箱に詰めて船で横浜に運ぶことにしました。ところが東海道線が開通すると、清水で船に積み替えて横浜に運ぶよりも、生産地で直接貨車に積み込んで横浜に運ぶほうがはるかに能率的になります。そこで、横浜により大きな工場を造り、一気に生産地から横浜まで貨車で運んで、横浜で加工をしてすぐに船積みをするという方法に切り替えていきます。それによって、工業化はさらに進みます。

繭・生糸にしても同じようなことが言えるわけです。前にも述べましたが、関東地方の北側の群馬県の前橋から栃木県の足利《あしかが》にかけて、いくつも機業《きぎょう》地帯がありました。東京からその機業地帯の入口である前橋まで日本鉄道が開業し、さらに前橋から小山《おやま》まで両《りょう》毛《もう》鉄道が開業すると、この両毛鉄道はその機業地帯を結んでいきます。そして、この日本鉄道と両毛鉄道、そして品川から横浜への官設鉄道、この三本の鉄道を直通する貨物列車が運転されることによって、それまでより大量の繭・生糸を、しかもはるかに速い速度で横浜に運ぶことができるようになりました。そして、それら関東北部の機業地帯では、それまでの手工業から機械工業に一斉に転換していく動きが始まりました。機械工業といっても、大規模な工場がいきなり造られたわけではないのですが、しかしそれでも蒸気機関を動力とする工場が造られるようになりました。そのようにして、最初に触れたように、産業革命は鉄道の開業によって誘発されるという特徴が見えてくるのです。ですから、政治的動機によって造られた鉄道が、しだいに経済的輸送効果を持つようになり、そのことに鉄道の企業家たちが着目するようになると、今度は産業革命を進めていくために鉄道を建設するという傾向が、一八八〇年代の後半になるとしだいに強まってきます。同時に、内陸水運が鉄道の建設によってしだいに力を失ってくるとか、また道路の輸送が力を失っていくという変化が起こっていきます。これは輸送手段の変動化で、内陸水運や道路輸送は鉄道によってしだいに力を失い、それに代わって鉄道が貨物輸送の面でも主役の座に就いていくという傾向が、まだ局地的ではありますが、生まれてきました。

鉄道自立化政策

ここまでは最初に挙げた二つの特徴の第二番目に当たります。しかし、もう一つの第一番目の問題が残されています。それは、産業革命進行前に鉄道建設が見られる特徴という問題です。レールも機関車も造ることができないとなれば、重工業部門はまだ確立していなかったと言わなければなりません。客車や貨車の車体を造ることはできます。しかし、車輪、台車、台枠といった下回りの構造は、まったく日本の国内では造ることができず、すべて輸入しなければなりませんでした。そういった状態ではとても自立はできないので、機関車の国産化に手を付ける必要があると明治政府は考えます。そのような要請に基づいて、一八九六年（明治二九）には最初の国産機関車が一両だけ造られました。しかしこの機関車にしても、動輪やシリンダーなど、基本的な部品はすべて輸入品でした。ボイラーにしても、非常に高い圧力に耐えられる鋳物を造ることはまだできないので、ボイラーの部品もまた輸入しなければなりません。それから、日本の国内で走る機関車はどのような機関車が適当なのかという、機関車を自分で設計する力が弱く、また設計ができたとしても、その設計に応じて機関車を造る力がないというような問題もありました。*

＊　その当時、日本に重工業がなかったのかというと、決してそうではありません。すでに一八九三年

には、日本の軍事工場は、小銃や小銃弾の自給体制を確立していました。小銃や小銃弾の製造は重工業の部類に属します。そして、船舶もほぼその時期には三〇〇〇トンクラスの船舶も建造できる力を持っていました。しかしこの船舶は、ものを輸送する船舶ではあっても、外国と戦争するときに人やものを運ぶということを主要な目標に置いており、したがって軍事工業といえるような部門です。すなわち、日本は軍事工業部門はかなりはやくに自立していました。しかし、民間の需要に応じることができるような重工業部門はまだ確立していなかったということになります。

機関車の国産化

官設鉄道の神戸工場は、そこを無理してとにかく機関車を一両、当時最新式の複式シリンダーを持った機関車を造りました。しかし、一両造ったからといっても、それとまったく同じ機関車をもう一両造ることはできません。部品がすべて輸入品ですから製作費が高くつきます。したがって、同じ機関車を二両造ることはできません。しかし機関車は、一両だけではどうにもならないものです。同じ形式の機関車が何両もなければ、大量輸送は実現できません。日本の鉄道が大量輸送できるようになるのは、同じ形式の機関車を何両か揃えることが可能になってからでした。それまでの輸入機関車は、一番初期の段階では、輸出するイギリス側の利害によるものか、一両一形式というものが多く、これでは大量輸送ができませんでした。そして、輸送需要が増大すると、同じ形式の機関車を数両から十数両まとめて輸入する方向に進み始めていました。

しかしその場合も購入費はかなり高く、そこでどうしても機関車を国産化したいということになったのです。しかし今述べたように部品を輸入するのでは、とても機関車を自分の手で造る体制はできないので、鉄道局長官を辞めた井上勝が中心になって、大阪に汽車製造会社という企業を作ります。そしてこの会社が、はじめて機関車の自給体制を作り上げようとしました。この会社が発足したときも、日本に製鉄所はまだないのですから、鋼材は全部輸入しているのです。したがって、製作費も非常に高いものでした。ところが一九〇一年、日清戦争の賠償金をもとにして、北九州の八幡に政府直営の製鉄所が造られました。そして、鋼材の自給体制がしだいに整っていきます。二〇世紀初頭は、そのような体制が両面で成立した時代です。そこから機関車の国産化を実現する動きがにわかに高まってきます。それでもまだ鋼材の生産量がそれほど多いわけでもないし、機関車を全部国産化してしまうということは、とてもできませんでした。しかも当時、日本はロシアとの戦争の準備に入っていました。八幡製鉄所が造った鋼材は、主に軍需用に回されます。したがって、機関車の国産化を一気に進めることはできないままでした。そのために、機関車はまだ輸入が続いていきます。蒸気機関車の完全な国産化は、一応一九一二年（大正元）と考えてよいと思います。一応と言ったのは、そのあとでも蒸気機関車を輸入したことがあるからです。しかし、それはいわば試作品のモデルを輸入したのであって、たくさんの両数を輸入したわけではありません。

レールの国産化

レールの場合も同様で、日本では当初からイギリスの錬鉄製レールを輸入する体制が長らく続いていました。ところが一八八〇年代の半ばには、ドイツがイギリスのレールよりもはるかに質の高い鋼製のレールを、イギリスよりも安い価格で輸出し始めました。そして日本の鉄道局は、このレールを輸入して、当時建設・営業を委託されていた日本鉄道や甲武鉄道で使いました。一八九〇年になると、今度はアメリカの製鉄企業が、ドイツのレールよりも価格の低いレールの生産に入りました。そしてこのレールは、ASCE（American Society of Civil Engineering）＝アメリカ土木学会規格によって規格化されていきました。その規格化によって、アメリカはイギリスやドイツよりも安くレールを供給することを可能にしました。この頃、日本でもレールの規格化を進めようとしていました。しかし、イギリス製やドイツ製よりももっと安くて、しかも規格化されているアメリカのレールを買い入れたほうがよいということから、日本で決めた規格とは別に、ASCE規格を日本の規格に取り入れて、アメリカからレールを輸入する方向に進んでいきました。ですから、日本のレールは、イギリス、ドイツ、アメリカというように輸入国が移っていったのです。*

＊　今でも東京の御茶ノ水とか浅草橋の駅には、ドイツ製のレールがホームの柱に使われています。だいたい一八八五年から八六年のレールです。これは記念すべきレールとして保存しなければいけないものだと思います。もっとほかの駅に行くと、その前のイギリス製のレールがあったりします。そして、たとえば中央線の高尾駅などには、そのあとのレール、アメリカ製のレールが柱に使われています。このようにして、総武線から中央線あたりの各駅を見ておくと、そういったイギリス製からアメリカ製までのレールの変遷を、ある程度つかむことができます。

こうした状況の下でも、もっと安いレールを日本で造ることはできないかということは、もちろん考えられていきました。そして、八幡の製鉄所が開業すると、この製鉄所がレールの国産化を始めていきます。しかし、このレールの国産化は、間に日露戦争が入ってしまったために、ずっと後まで遅れてしまいました。最初にレールが本格的に生産を開始されたのは一九〇八年といってもよいでしょう。そして、レールが完全に国産化していくのは一九二八年（昭和三）でした。

ですから、蒸気機関車は一九一二年、レールは一九二八年というようにして、機関車とレールは一九一〇年代と二〇年代にかけて自立していったということになります。付け加えると、電気機関車は一九二九年に国産化が実現しました。鉄道が開業してからだいたい五〇年以上六〇年足らずのところで技術の自立が実現したということになると思います。鉄道の技術の自立は、重工業が成立しなければ果たすことができなかったのだということを、ここでは確認しておきたいと思います。

工業化と鉄道誘致

そこで工業化の問題にまた戻りますが、工業化が進んでいくと、鉄道の線路が今度は工業化が進んでいる地域と市場を結ぶ線路として必要になります。そこでイギリスやフランスやドイツと同じような性格の鉄道が建設されていくということになります。そしてまた逆に、工業化が進んだ地域が、うちの地方に鉄道を建設してほしいという要請をするようになりました。その典型が長野県の諏訪地方の動きでした。

諏訪地方の鉄道誘致

先ほど触れた関東北部の機業地帯は、幹線鉄道が造られたことによって工業化が進みました。これに対して諏訪地方は、中山道幹線鉄道を最初に考えたときには、鉄道が建設される予定でした。ところが、幹線鉄道が東海道に変更されると、鉄道から取り残されてしまいました。当時諏訪地方は、関東北部の機業地帯と並ぶ繭・生糸の生産地帯で、大量の繭・生糸を横浜に運び出していました。しかし諏訪地方は鉄道に直結していないので、どこを通って横浜と結ぶかということが大問題でした。いろいろなルートが考えられました。甲府に出て、甲府から富士川を下って岩淵へ出て、そこから船で横浜に運ぶというルート、これが第一です。第二番目には、和田峠を越えて、上田－大屋－田中に出て、そこから当時開通していた高崎－直江津間の鉄道を使って横浜に運ぶルート。この二つのうちどちらのルートを取るかということが、諏訪の機業地帯の大きな問題です。結局のところ、船積みは繭の損傷が非常に激しいというところから、和田峠を越えて上田のほうに出すというルートを採用することになりました。しかし、峠越えの荷車は、繭・生糸を非常に傷つけてしまうという問題が残ります。そこで、何とかして諏訪に鉄道を延長してほしいという要請が、地元の繭・生糸業者から生まれてきました。

その当時、鉄道敷設法がすでに制定されていて、この地方はいつかは鉄道を建設するという予定線のルートに入っていました。しかし、この地方の線路をどこから建設していくかということは、まだまったく決まっていませんでした。前にも触れましたが、すでに一八九〇年の段階で、この地方では御殿場《ごてんば》に線路を結び付ける甲信鉄道の計画が立てられたことがありました。しかしこの線路も、御殿場に線路を連絡するためには、籠坂峠《かごさか》を越えなければなりません。籠坂峠をトンネルでくぐる技術はまだなかったので、そこにロープウェイかケーブルカーを入れなければならないという問題があって実現しません。鉄道敷設法が制定されたときも、八王子から諏訪まで線路を延ばすプランと、それから御殿場から甲府を通って諏訪まで延ばすプランの両方が立てられましたが、どちらのルートを採用するかははっきり決まらなかったのです。諏訪の製糸業者たちは、前に考えられていた御殿場に結ぶ計画が実現不可能であるということを知っていました。そこで、何としてでも八王子に鉄道を結び付けたいと考えました。ところが、八王子から甲府に抜けるためには笹子峠《ささご》を越えなくてはなりません。この笹子峠を越えるのには、三〇〇〇メートル級のトンネルを掘らなくてはなりません。当時のトンネル掘削技術で三〇〇〇メートルのトンネルを掘ることは不可能とされていました。なかなか決着がつかなかったのですが、ようやくこのトンネルの建設が決められて、官設鉄道が甲府と八王子を結ぶことが決まりました。このトンネル掘削には、一八九六年一二月から一九〇三年一月まで、六年以上の年数がかかりました。このトンネルの完成によって甲府まで線路が延びたのは一九〇三年六月一一日でした。そこで、諏訪の繭・生糸は甲府まで運ばれて、そこで貨車に積まれるということになりました。しかし、この線路をどうしても諏訪まで延ばしてほしいと地元の人々は要請を出しました。政府としても、繭・生糸は重要な輸出品ですから、鉄道の線路を延ばしたい。ところが、すでに日露戦争が迫っています。全国の鉄道線路の建設は、この段階ですべて中止されてしまいました。そこで諏訪地方の人々は、重要な輸出品を運ぶための線路であるし、しかも戦争の費用を確保するための輸出品を大量に横浜に送るということは今非常に必要なのだから、諏訪だけは例外として認めてほしいという要請を出しました。結局、日露戦争が始まってからも、この鉄道の建設は続けられていきました。中央本線の甲府から韮崎《にらさき》を通って諏訪・岡谷に達している区間は、日露戦争中に岡谷まで建設されていきました。ですから中央線の八王子―岡谷間は、地元の機業地帯の企業家たちが政府に強く要請することによって建設された線路なのです。

そのようにして日本の鉄道は、この時期になると、地元の企業家たちの経済的要請に基づいて造られていくという傾向が現われてきます。そこに、日本の鉄道の性格が、約三〇年の間にかなり変わってきたという事実を見ることができそうです。

筑豊鉄道の建設

そのような変化は、炭鉱地帯の鉄道についても言えます。筑豊《ちくほう》では、それまで川艜《かわひらた》という一〇〇〇トン積みくらいの船で遠賀《おんが》川を下るルートで石炭を輸送してきました。山で掘った石炭を港まで積み出すために、船が使われていたのです。しかし、船が積むことのできる石炭の量は、だいたい三トントラックか四トントラックの規模のもので、単位輸送量が小さいのです。そこで、もっとたくさん石炭を積むことができる貨車による輸送が必要であるという見方が生まれます。貨車の場合、その当時の貨車でも七トンから一〇トン積むことができる。しかも、貨車であれば何十両も連結し、小さなスペースでたくさんの石炭を輸送することができます。しかも速度が速い。そういうところから、この筑豊の石炭産業経営者たちは鉄道の建設を始めました。諏訪の機業家たちは、官設鉄道に頼んで鉄道を建設してもらったわけで、これは自分で資金を出したわけではありません。自らは出資しないで、政府の資金で鉄道を建設させるという方式は、日本における鉄道建設の一つの特徴なのですが、その典型が諏訪に延びた鉄道です。ところが筑豊の場合には、石炭産業の企業家が自分たちで資金を出して鉄道を建設していきます。これはイギリスにおける産業革命の鉄道建設の方式を採っているといってもよいと思います。この方式は、どちらかというと、日本ではめずらしい方式です。企業家たちが自らの資金を投下して、自らの手によって鉄道を建設していくという方式が、ここで生まれました。そこで建設された鉄道は、筑豊鉱業鉄道（のち筑豊鉄道）と呼ばれています。そして実際にこの鉄道は、かなり大きな収益を上げるということがわかりました。産業鉄道は、企業経営のあり方としても、有利な鉄道経営のパターンであるということを実証しました。

ところが、日本ではそのような産業鉄道が独自の発展をすることができませんでした。それはなぜなのかという問題がありそうです。たとえば両毛鉄道の場合も、地元の企業家たちが資金を出して造った私設鉄道でした。これも十分に採算のとれる鉄道だったのですが、高崎から先は日本鉄道や官設鉄道を通さなくてはならない。そうなると、企業としての収益を十分に確保することができません。そして結局のところ、日本鉄道に合併されてしまいます。

大私鉄による合併・独占化

大私鉄による合併は、日本の私鉄の一つの特徴になっていきます。その地方でかなり有力な輸送機能を持ち、ある程度の収益を上げる鉄道が造られると、大きな鉄道がその鉄道を合併してしまうという傾向が現われてくるのです。筑豊鉄道もまた同じでした。三菱の資本が入ってきた九州鉄道によって、合併されました。これを鉄道の独占化ということができるかどうかは問題ですが、日本ではそのような傾向が非常に強く、局地鉄道が独自の力を強めていく機会が非常に少なかった。もちろんイギリスでもドイツでもフランスでも独占化への方向はあるのですが、それはもう少しあとの話です。日本ではそのような独占化への方向が、非常に早い時期から生まれてきました。

なぜそのような方向が早くから生まれてくるのかという問題については、まだ十分な結論を得ることはできません。しかし、推測するとすれば、鉄道敷設法の成立が一つのカギになるかもしれません。要するに、鉄道を建設する上で主導権を握りたいという考えが、常に政府の中にありました。そして、何とかして私設鉄道を抑え込んでおくというのが、政府の方針だったのです。そこで一八九二年に鉄道敷設法が制定されると、今度は政府自らの手で鉄道網を構想し、鉄道建設計画を自らの手で進めていきます。しかし、その鉄道網すべての建設を、自らの資金だけで進める力は政府にはありません。ですから、その多くの建設が私設鉄道に任されていきました。政府が認めたそのような私設鉄道は、結局のところ、日本鉄道、山陽鉄道、関西鉄道、九州鉄道、甲武鉄道というような大きな私鉄会社に限られてしまったのです。そして、政府はなるべく小さな鉄道会社を創らせないようにします。日清戦争が終った後の一八九六年から九七年にかけて、一八八〇年代半ばに起こったような鉄道熱が再び起こります。この鉄道熱も、前のとき同様、かなり投機的な鉄道計画が多かったのですが、中には将来産業鉄道としてかなり大きな力を持つのではないかと思われるものも含まれていました。ところが政府は、これらの鉄道計画を全部抑え込んでしまいました。実際にどのくらいの出願件数があったのか分からないくらい多くのものが出されていますが、そのほとんど全部が却下されてしまい、鉄道の建設が認められたのは、先に触れた五つの鉄道会社とその子会社のような鉄道会社に限られてしまいました。ですから、鉄道敷設法が制定されてからの鉄道建設は、独占的な要素を強めていったということになるのではないかと思います。

そのような鉄道の独占化には、もう一つ別のところからの要請があったわけで、それは軍部によるものでした。あくまで軍部は幹線鉄道の建設に熱意を燃やしていました。連隊、師団、軍港の所在地と、軍隊を海外に派兵するための大阪、宇品《うじな》（広島市）、佐世保という出港地とを結ぶ鉄道をまず造ってほしいという要求を出します。そのようなネットワークを考えると、これは局地鉄道ではなくて、やはり幹線鉄道ということになります。ですから、政府の鉄道建設計画の中に軍部の要請が入ることによって、地方の局地鉄道よりも幹線鉄道を造ろうという動きが強まっていったことは十分推測できます。

さらに、資本を調達する力が、地方の小さな鉄道には十分備わっていなかったという問題があります。私設鉄道は、しだいに資本主義企業として基盤を造り上げていました。九州鉄道会社のように三菱がバックアップしている鉄道もありました。山陽鉄道会社は三井がバックアップしていました。大きな資本が鉄道に資金を投下していく傾向が、しだいに強まっていきました。日本鉄道会社のように政府がバックアップしている場合は別ですが、財閥資本の影響が、しだいに強まっていきます。このことは、日本の資本主義が財閥資本に依存して成立していくという性格を非常によく表わしているといえます。鉄道以外の船舶や鉱山、造船といった部門でも、だいたい財閥資本がその基盤を造り上げていて、そのことによって発展していくわけです。

日本社会への鉄道の定着

この段階では、技術の自立という面と財閥資本の支配という面の両面から鉄道の歴史は考えていかなければならないのではないかと思います。だいたい一九一〇年代から二〇年代にかけて、日本の資本主義は技術の面でも体制の面でも自立していきます。鉄道の技術の自立も経営体制の自立も、やはりこのようなかたちで日本の資本主義が自立する過程とほぼ並行していたという見方ができるのではないかと思います。ところが日本の鉄道は、そのような技術的自立、体制的自立を進めていく段階で国有化されました。これも日本の鉄道の歴史の一つの大きな特徴です。資本主義の企業としても自立する段階に入ってきた、その段階で日本の鉄道は国有化されてしまう。これはいったいなぜなのかという問題がそこにあります。日本の鉄道の歴史を眺めるとき、この鉄道国有は、本来アメリカやヨーロッパ諸国の中で進められていった資本主義体制の確立の過程と、また別の方向を選ぶ結果になるのです。この問題は後で取り上げることにします。

いずれにしても、日本の鉄道は、前の節で見たように、創業当初から積極的に利用される方向に進み、さらには産業革命との関わりで、しっかりと日本の社会に根を下ろしてきました。創業三〇年にして、日本の鉄道は、このような定着によって独自の機能を果たすようになります。そのような定着には、もう一つ見落としてはならない要素がありました。それは、これまでもところどころで触れた技術の自立です。

技術の自立

鉄道技術の自立は、鉄道という導入文化の日本社会への定着と、社会的な機能の発揮という点で無視できない要素を持っています。なぜなら、技術の自立がなければ、鉄道の主体性は実現できません。いつまでも外国に頼っていたのでは、鉄道を思うままに活動させることができないからです。

新しい技術の導入

鉄道技術は、それまでの日本にはまったくなかった新しい分野の技術です。ですから、鉄道を導入する場合には、その新しい技術を身に付けなければならないという課題がまず第一にありました。

ヨーロッパや北アメリカで、たとえばイギリスからフランスへ、イギリスからドイツへ、またイギリスからアメリカへというようにして鉄道が広がっていった場合には、受けとめる側の国に、ほぼ同じような水準の技術ができあがっていました。したがって、鉄道を建設するといっても、新しい技術を身に付けなければならないという問題はなかったのです。それらの国では、すでに数学や物理学の知識がイギリスと同じ水準にまで到達しています。それから道路や運河、または港などの建設技術も、ほぼ同じ水準にまで達していました。ですから、イギリスで始まった鉄道をドイツやフランスやアメリカが取り入れる場合でも、それほど問題はなく、新しい技術を導入することはまったく不必要であったと思います。

ところが、アジアの国々で鉄道を導入する場合、ヨーロッパで発達した自然科学の知識や体系は成立していません。そこで、まったく新しい学問の基礎をまず学んで、その上で技術を導入しなければなりません。その場合、アジア諸地域では、すでにイギリスなどのヨーロッパ諸国の支配体制が非常に強まっていたので、鉄道を建設する場合には、イギリス人やオランダ人がすべて最初から最後まで建設の技術を指導するという形がとられました。

ところが日本の場合には、インドや中国と同じように、ヨーロッパの自然科学の知識はまったくなかったといってもよいのですが、建設技術の自立は、鉄道が入ってきてから一〇年から一五年で実現してしまいます。インドや中国やインドネシアと日本とのこの違いは一体どこから生まれてきたのでしょう。

日本の測量技術

日本の場合でも、お雇い外国人がやってきて、品川と横浜の間の測量を始めます。その測量を考えてみましょう。日本では、古墳を造るときを見ても、かなり高い測量の技術を持っていたということが分かります。方位を決定することや、長さをかなり精密に区切っていくことができるようになっていて、インドでも中国でも同じなのですが、かなり精密な測量技術を持っていたことが分かります。

鉄道の場合、棒のような細い幅の通路を造って、自然地形を削ったり盛り土をしたりしなくては線路を造ることはできません。これは、線路の上を運転するという列車の特性によるものです。人や馬が引っぱる車のように、自然地形に沿った道路を、無理をしたりさせたりして力を出せば、押したり引いたりして何とか走らせることができる輸送手段と違って、鉄道はあくまで蒸気機関や電力といった、人や家畜以外の動力によって牽引するので、力の限界がはっきりしてしまいます。そこで自然地形とかなり異なる勾配や曲線の線路を造らなくてはなりません。自然地形に沿う道よりも滑らかに、なるべく勾配を抑えてなるべく大きな曲線で線路を造らなくてはいけません。つまり、自然地形をかなり加工しなければならないことになります。そこから鉄道建設技術が道路の建設技術とまったく異なる技術を必要とすることになります。ですから、鉄道の線路を建設する技術は、自然地形をどれだけ加工できるかということにかかってきます。そういった技術を実現するためには、まず測量技術が必要になります。

この測量技術は、日本でも江戸時代に箱根用水というようなトンネルを掘ったときに見られるように、すでに成立していました。しかしヨーロッパでは、三角測量によって合理的で精確な方式を確立していました。伊能忠敬《いのうただたか》は、日本の沿岸測量を行なって、はじめて精密な沿岸図を作りますが、その沿岸図も三角測量を十分に取り入れたものではありませんでした。当時、日本では地形図を造ることが困難でした。等高線を描くことができないので、山を表わす場合にも、水平に見たときの山の形が平面図にそのまま描き込まれてしまうというようなことが一般に行なわれています。そのように、日本では地形図を作る技術が非常に遅れていました。

三角測量の導入

その技術が、鉄道の建設のさいに、お雇い外国人の手で導入されました。これは、その当時の日本の技術者にとっては、非常な驚きでした。図を描くというのは、実際に現実の状態を、または自然の状態を抽象化するという意味を持っています。列車ダイヤを作成するというのもその一つですが、それは距離、その経路を図化するということです。鉄道の建設のさいに、合理的な根拠に立つ図化の技術が導入されました。たとえば新橋と横浜の間でいえば、新橋を出たところですぐに東海道が迫ってくるので、陸地を走ることはできない。そうなると、海の上に築堤を造って、その上に線路を敷かなくてはならないということになります。その場合、海岸の地形を、先ほど言ったような方式で測量します。海岸線や水深を測り、そこからルートを決めます。

それができると、埋め立てる土の量なども一気に決められます。そのように、測量によって図を作れば、その図を基にさまざまな計算を行なうことによって作業計画を立てることができるので、非常に能率的かつ正確な作業が行なえることが分かりました。

その建設の作業には、幕末の頃、品川に台場という砲台を造る作業をした人も加わっていたようです。その台場を造るときには三角測量の技術が入っていなかったので、正方形に造ったはずの台場が、歪んだ台形になったり、いろいろな形になってしまいました。しかし今度は、線路に少しの歪みがあってもいけないわけですが、精確な測量によって描かれた図のとおりに作業を進めればよいことが分かりました。これは大変な驚異だったと思います。

そのような図を描く場合に必要なのは、数学の知識です。三角法や幾何の知識を合成していけば、それほど難しくはない。近世日本の数学は、和算と呼ばれる日本独特のものでした。図の描き方にしても、日本独特の描き方があったわけですが、ヨーロッパで成立した数学の知識によったほうが、はるかに能率的に仕事ができるということが分かります。その当時の日本の技術者たちは、この知識を非常に速い速度で身に付けてしまいました。その結果、新橋と横浜間の鉄道建設ではイギリス人が実際に図を描いていきましたが、その図を見ながら自分でも図が描けるようになりました。

新しい筆記用具

実際に土を盛ったり削ったりという作業については、かなり能率的な体制を彼らは持っていましたから、それほど難しいものではありませんでした。しかし、その前の図を描くさいに、もう一つ解決しなければならない問題がありました。それは作図の用具でした。たとえば線を描くときに、日本人がそれまで使っていた筆記用具は筆でした。筆は線の太さが一定しません。そこで、一定した太さの線を描く筆記用具が必要になりますが、そのような条件を満たす筆記用具はペンか鉛筆です。すでにイギリスでは鉛筆が普及していました。さらに、定規に沿って線を引くという技術が日本ではまだ非常に弱かったのですが、鉛筆やペンはこの作業にも適しています。そこで、同じ太さの筆記用具を手に入れるということ、定規を手に入れるということ、この二つが次の課題になってきたのです。鉛筆とペンは、とくにペンはそうですが、図に説明文を書き入れる場合、楷書を使って、しかも同じ太さで書くという点で最適です。ですから、鉄道建設技術の導入は、日本人の図の描き方を変えるという影響をもたらしました。

このように、鉄道の測量における図化という抽象化によって計画を進める方式、さらにペンやインク、鉛筆などの新しい筆記具の採用などの意味を考えると、鉄道建設の技術の中から、さまざまなかたちで近代化が生まれてきたといえそうです。

橋の架設

さらに、それまでの日本各地で採用していた中央を高くして強度を保障する橋ではなく、水平な橋を架けるという技術が、六郷《ろくごう》川や鶴見《つるみ》川における木橋の架設から始まります。鉄道の場合には、橋といえども勾配は避けなければならないことがわかりました。これらの橋架は、鉄の桁《けた》を輸入すると建設費がかさむので、東京の深川の木場《きば》に旧幕府が保存していた木材、一辺が一メートル《メートル》もあるような三尺角といった巨大な木材ですが、これを筏に組んで六郷川の川口に運んで使いました。阪神間の武庫《むこ》川や猪名《いな》川などでは、すべてイギリスから鉄の桁を輸入して架けました。しかし六郷川や鶴見川に架けた木橋は、開業後非常に腐食が早く、橋の強度が保障できなくなるという問題が生じてきました。そこで、多少費用はかかるけれども、阪神間では最初から鉄橋を架けようということになったようです。いずれにせよ木橋にしても鉄橋にしても、橋を建設する技術は、だいたい京浜間と阪神間の経験で身に付けることができました。

トンネルの技術

残るのはトンネルの技術です。トンネルの技術は、阪神間では芦屋川《あしや》、住吉川《すみよし》、石屋川と、六甲山《ろっこう》から流れ出す水路の下をくぐる、いわゆる天井川《てんじようがわ》のトンネル*を掘るということになったのですが、これはその天井川の水路を半分に区切り、その半分にトンネルを掘り、さらに水路を付け替えてから、残りの半分を掘るという方式を採ればできるということがわかりました。ただ、これは向う側が見える場所に掘るトンネルですから、それほど測量が難しくありません。トンネルとして難しいのは、やはり山岳トンネルです。これに最初にぶつかったのは、京都—大津間の逢坂山《おうさか》トンネルでした。ちょうど京都の東側の東山《ひがしやま》を迂回して、大津に出る途中のトンネルです。これも全区間をまっすぐに通していけば、現在新幹線や東海道本線が通っているような二つのトンネルを掘らなくてはいけません。ところがその当時は、そのような長いトンネルを掘る自信はなかったので、京都から南の方に迂回し、現在ＪＲ奈良線が通っているルートをとって桃山まで南に下がり、そこから東の方に上っていく。この辺りの名神高速道路は、最初にこの線路を造った用地を使っています。そこから北東に進んで、なるべくトンネルを短くして、大津に抜けるという線路選定が行なわれました。これが逢坂山トンネルです。だいたい六〇〇メートルくらいです。このトンネルを掘るときには、先ほど述べた三角測量を使わなくてはなりませんでした。ですから、逢坂山トンネルは、日本ではじめて三角測量を応用して造られた鉄道トンネルであるということができます。この測量は、非常に精密に行なわれました。トンネルというのは、だいたい両方の入口から掘っていって中央でぶつかるということになるわけですが、狂いがほとんどなかったといわれています。** しかも、このトンネルの三角測量は、日本人が自分でやりました。そこでトンネルの中央部を高くして、土や岩の運び出しを容易にし、地下水が坑口へ流れやすくするという拝み勾配の方式を身に付けました。イギリス人は、実際の建設工事も、すべて日本人に任せました。このトンネル工事で、イギリス人は堅い岩盤を火薬で爆破するという方式を持ち込んできました。そこで日本人ははじめて火薬によって岩を爆破するという技術を身に付けていきました。それから、坑内で働く人々に新鮮な空気を送り込む送風、さらに八時間三交代という労働時間の交代制、一定の労働時間を区切るという方式が、はじめて生まれました。ここではじめて労働時間の体制が決められていきました。これも日本の労働システムを考える上で、非常に重要なポイントになると思います。

＊　そのうちの一つはなくなりましたが、その他は天井川のトンネルとして現在も残っています。ただし、今は四本の線路がくぐっていますから、昔の形はわかりません。

＊＊　だいたいトンネルを両方から掘っていくと、狂いが生じるのが常識です。丹那トンネルの場合、五センチから三センチ狂ったといわれています。トンネルの中心線を掘っていくと、上下左右の狂いが生じるわけです。ひどい場合は、左右に一メートル以上狂ってしまい、仕方ないので両方のつながった部分に曲線を入れてつなげたという話もあります。

車両技術の自立

車両技術の自立は、蒸気機関車が全面国産化した一九一一年〜一二年が一応の目安となりますが、その後も新しい動力車をモデルとして輸入することがあって、一九五〇年代〜六〇年代まで、それが繰り返されていました。一九一〇年代以降、基礎技術が完成してからのものは、モデルを買ってコピーするという方式が生まれます。これは日本の技術導入の一つの様式になるのですが、車両の場合はとくにはっきりとこの傾向が現われました。そこで、ここでは一九一〇年代の車両技術の導入から入って、できればそれ以後のコピー方式にも触れようと思います。

イギリスからの機関車輸入

明治初年の段階では、日本に鉄道車両製造の工業的基盤はありません。江戸時代に、からくりや時計の技術は発達し、それらを動かす歯車をヤスリで削って作る技術は進んでいましたが、金属製の歯車を作る技術は遅れていました。金属加工は、車体のような大きなものでも、ねじのような小さなものでも、精密度の高い工作機械を必要とします。またこの工作機械は、規格品を大量生産するという条件を満足させるためにも必要でした。そして生産施設は、部品の製作から車体の組立てに至るまでの工程を含むかなり大きなものが必要になります。当時の日本では、このような条件は整っていませんから、イギリスに発注せざるを得ません。その当時、イギリス国内の機関車市場はほぼ満たされてきており、機関車輸出に眼を向けていましたが、ヨーロッパ市場もいっぱいになっていましたから、インド、中国、オーストラリア、セイロン（現スリランカ）、ニュージーランドなどに機関車を輸出していきました。ですから日本が機関車を注文すれば、イギリスの機関車市場の拡大を助けることになります。発注を受けたイギリスでは、一〇両の機関車を用意して日本に運び込みます。それらの機関車は、メーカーが六つくらいに分かれていたため、規格はバラバラでした。しかも、他の地域に輸出するはずだった機関車を急遽日本向けに振り向けたというところがあって、中には日本では使えないような機関車が混じっていました。たとえば、運転室が屋根と柱だけというものがありました。これは熱帯のセイロンあたりで使うための機関車ではなかったかと思われます。なぜそのようなことを言うかというと、ゲージが揃っている機関車でないと日本に輸出できない。日本と同じ三フィート六インチのゲージを使っていたのは、アジア・太平洋地域ではセイロンとニュージーランドです。同じゲージであれば、セイロンであろうとニュージーランドであろうと日本であろうと、どこへ持っていってもよかった。それで、セイロン向けの機関車を日本に振り向けたのではないかということが考えられるわけです。そこには、その地域の人々の意向がまったく反映されることがないのです。セイロンかどこか向けの機関車が日本にやってきて、さすがのイギリス人も、これではとても冬の風の強いところで運転などできないというわけで、急いで改造しなくてはなりませんでした。ですから、一〇両やってきた機関車のうち、かなりの両数について日本へ着いてから、運転室の囲いを付けるとか、蒸《じょう》気《き》溜《だめ》の位置を変えるなどの改造作業が行なわれています。そういった作業は、当時新橋に造られていた車両の修理工場で行なわれていました。イギリス人たちは、工作機械を持ち込んで、車両の修理が可能な設備を整えていました。このような工場は、新橋と神戸に造られていました。日本人たちは、はじめは改造の作業をただ指をくわえて見ているほかなかったのですが、やがて改造・修理の作業に参加します。そして、修理に加わることによって、どのようにして板と板は接合してあるのかとか、どのようにして車軸は台車に取り付けてあるのかとか、いろいろなメカニズムをはじめて実感できたのではないかと思います。

自立の第一歩

やはり、実物を見ることによって、自分たちにもこのような仕事ができるのではないかということを考えていくのが、技術の自立の第一歩になります。機関車の改造作業を手伝うことによって、金属の部品の扱い方も分かってきました。しかも、巨大な工作機械が部品を自由に整形していくことを知ります。そして、人間の手の力を超えた、はるかに大きな力の仕事が可能だということが分かっていきます。そういった新しい技術に対する認識が、ものを作り出す一つの原動力になってきました。そうなると自分たちで車両を造ることができるのかということが新しい課題になります。それはまず客車、貨車で実現しました。実現したといっても、車輪や台車や台枠などを自分たちで造ることはできません。これらはいわば輸入品です。車体を組立てていくという技術がそこで使われていきます。車体を組立てる作業は、これまで建築物を造る大工の仕事として、日本ではすでに定着していました。この大工の仕事を応用すれ

車体の組立

ば、車体の製作は可能ということになります。この場合も、日本の住居の板の接合の仕方とか、家の建て方とはかなり異なる技術が要求されるし、また設計段階で住居のしくみを応用することはできません。したがって、窓をどのようにして取り付けていくのか、それから羽目はどのようにして作り出すのかということを、設計の段階からもう一度全部おさらいをして、そこでもまたイギリスから輸入された車両の実物を見ながら設計をして、そしてそれに基づいて工作をするというような方法が採られていったと思われます。いずれにしても、ともかく客車や貨車を造り出すというところから技術の自立が始まります。下部構造については、今も言いましたように、輸入しなければならないのですが、すでに機関車を輸入したときに船に積まれてきた下部構造の足まわりなどを組立てたという経験は、日本人の労働者にはあったのではないかと思われます。組立てるときに、走行部分のメカニズムについて、車輪が車軸にどのように固定されているのか、あるいは車軸は台車枠にどのようにして取り付けられているのか、とくに取り付けられた車軸が車輪の回転とともに回転するメカニズムについては驚くものがあったと思います。それはすでに日本の大八車などに使われていた技術と基本的には変わりませんが、本来固定しなければ外れてしまうかもしれない車軸が自由に回転するメカニズムを改めて実感したと思います。

そうなると、機関車についても客貨車についても、イギリス人技術者の指導を受けながら、しだいに自分たちの手で車両の修理ができるようになり、このような修理技術から進んで製作が実現し、それが一九一〇年代の全面国産化につながります。すなわち、知識と経験が技術進歩の要因になったのです。

自立の第二歩 コピーの製作

そこで今度は二番目のコピーの問題に入るのですが、その前に蒸気機関車の全面国産化には、鋼材自給体制の進行と、重工業発展のために機械類の輸入関税率を引き上げるという、この頃の条件を考えておく必要があります。一九一一年に日本は長年の課題であった不平等条約改正を達成し、関税自主権が実現して、名実ともに自立した国家になりますが、それが経済政策の自主性を実現し、蒸気機関車は全面国産化を実現させることになったのです。

しかし、国産化するといっても、大型・強力な機関車が必要なのですが、そのような機関車を設計する力はないので、モデルを輸入しなければいけない。そのモデルを輸入するとして、先ほど少し触れたように、一九一一年の七月から条約改正が実現します。そうすると、日本の税関が機械類の輸入に非常に高い税金をかける。つまり輸入を抑えるために、高い関税をかけることになります。そこで、その条約改正が発効する日までに、モデルだけでも輸入しておきたいということになります。実際にその機関車の輸入計画がまとまったのは一九一〇年末です。新関税の実施まで半年しかありません。すぐにイギリスとドイツ、アメリカに五つの形式の機関車を発注しました。一番遅れて発注した機関車は、三ヵ月以内に設計をまとめて製作を完了しなければなりません。しかし、ヨーロッパから日本まで船で一ヵ月はかかります。絶対にこれでは七月までに間に合わない。しかしその当時、日本は台湾を植民地として領有していました。そこで台湾の領海まで入れば、日本の領海に入ったと見なされる。そこで、条約発効日ぎりぎりに台湾の領海に入ったという話が残っています。

日本のメーカーは、それらの機関車を全部解体します。そして、それとまったく同じ機関車をコピーしていきます。それが八七〇〇、八八〇〇、八八五〇、八九〇〇形と呼ばれている機関車です。その当時、狭軌・広軌を問わず、世界で最大級で最も性能の優れた機関車です。そして、それらの中で八七〇〇形を除いた他の機関車は、過熱式というい ったん温めた蒸気をもう一度パイプに入れてさらに温度を高めることによって燃焼効率をよくし、しかも蒸気の温度を高めるという新方式の機関車です。当時の世界で最も水準の高い過熱式機関車がそこではじめて日本に入ってきます。このコピーは成功して、それ以後の形式の機関車の量産体制を確立していきます。この量産体制が確立していくと、それから約二年後、日本の線路に最も適合した機関車を貨物と旅客と一形式ずつ造ろうということになりました。幹線用ではない亜幹線用の機関車を造ろうということになりました。まず貨物用の機関車九六〇〇形、軸配置が1D（先輪一軸に動輪四軸）です。そして翌年には同様の線区で使われる旅客用の機関車八六二〇形という機関車が造られました。これは軸配置1Cの中型機関車です。ここではじめて設計段階から自立したといってもよいのです。

機関車の国産化

そこでようやく日本の機関車製作は自信を得たといってもよい。もう外国から機関車を輸入しなくてもよい。日本の線路状況に適合した機関車を自分の力で開発するという目標が、ここではじめて実現しました。これは機関車技術史を考える上で、非常に重要な画期になると思います。その後、今度は幹線用の機関車を造ろうということになります。このように、いきなり大きなものを造るということをしないで、まず中型の八六二〇、九六〇〇形を造って、そこで慣れておいて、次に日本の幹線に適合する機関車を造りました。これは、自立の過程からいくと、非常に賢明であったといえます。こうして一九一九年に製作されたのが、旅客用の一八九〇〇形、後のC五一形機関車は、動輪直径一七五〇ミリ（当時狭軌では世界最大）という機関車です。出力も、当時輸入した機関車のどれよりも大きい。特急列車を牽いて平均時速五〇キロくらいで走ることができる機関車でした。

そして、その四年後の一九二三年に貨物用の九九〇〇形という機関車が造られました。この機関車は、九六〇〇形が六〇〇トンを牽くのに対し、だいたい九〇〇トンを牽くことができ、幹線の貨物列車の輸送単位を一躍五割引き上げました。

この機関車の1D1（先輪一軸、動輪四軸、従輪一軸）という軸配置の形式は、アメリカでかつて使われたことがあったらしいのですが、世界各国ではあまり使っていなかった軸配置です。一八九七年日本が最初に常磐線、当時日本鉄道の磐城《いわき》線と呼ばれていた常磐線で石炭列車を牽くためにアメリカのメーカー、ボールドウィン社に発注しました。その発注を受けたメーカーは（アメリカでは軸配置に名前を付けて呼んでいたのですが）その1D1という軸配置にミカドという名前を付けたのです。このミカドが、その後の貨物用機関車の、とくに狭軌用の貨物機関車の一つの標準になっていきました。そのミカド型機関車の最も性能の高いものとして、九九〇〇形が現われたということになります。この九九〇〇形は、一九三六年にD五一形が出現するまで幹線貨物用の代表的機関車になりました。

設計技術の自立

　こうして機関車の設計製作技術は自立していくことになりました。汽車製造会社とか日本車輌会社とか、三菱、日立という民間メーカーが、たとえば一《メートル》七五《センチ》という動輪を削る旋盤を備えることができるようになっていました。この動輪旋盤を備えるということは、機関車製作に最も必要なことだったのです。この段階では、まだ動輪旋盤は国産化できませんでした。この動輪旋盤が実際に国産化されたのは一九三三年でした。日立製の動輪旋盤が、国鉄の大宮工場に入りました。この段階で動輪旋盤が国産化され、工作機械の国産化がほぼ完成したといえるでしょう。しかしそれでも輸入工作機械は非常にたくさん使われていました。実際に一九六〇年代から七〇年代の初めにかけて、全国の工場を見て回ると、一八九〇年製のイギリスの工作機械などはざらに使われていました。蒸気動力を電力に変えているけれども、電気ヤスリのような工作機械が全然支障なく使われています。だいたい七〇年から八〇年経っても、イギリス製のものは使えるという話を聞きました。日本の工作機械は、だいたい二〇年から三〇年で寿命が終ってしまう。狂いが出てきます。それに比べて、輸入工作機械の精度は、舌を巻くほど高いのだということを現場では言っています。この違いはいったいどこから出てくるのか。それは先ほど冒頭でお話した基本的な技術水準の高さによるものだと思います。

日本の工作機械の自立は、今の動輪旋盤の話もそうですが、一九三〇年代といってもよい。しかし、国内で工作機械を造ることができるようになっても、工作機械の耐用年数はまだ低かったのです。そういった形で、まず機関車の技術の自立は、目安としては一九一二年から二三年の約一〇年間、輸入形式をコピーした段階から九九〇〇形が造られた段階というところでまず区切っておいてよいでしょう。

鉄道国有化の波紋

鉄道国有化

現在、日本に国有鉄道はありません。一九八七年四月一日から、日本国有鉄道（国鉄）は、いわゆる分割・民営化によって、JRの貨物鉄道と六つの地域に分割されたJRの旅客鉄道とに変わりました。実際に一八七二年に鉄道が開業してから、日本の鉄道には、国自らが建設し、経営する官設鉄道がまず成立し、その官設鉄道が私設鉄道と並ぶ形が一九〇六年まで続いていきました。国有鉄道と呼ぶ場合には、厳密には一九〇六年鉄道国有法の公布施行以後が国有鉄道であって、それまでの時期の政府が自分で持っていた鉄道は官設鉄道と呼ばなくてはなりません。私設鉄道は、前にも触れたように、一八八三年に日本鉄道会社が創られたのち、一八八九年以降は、私設鉄道の営業距離のほうが官設鉄道より長くなりました。その私設鉄道の主なもの一七社が国有鉄道に編入された、これが鉄道の国有化です。

　国有化の最大の理由は、まず営業制度、とくに運賃、経理などの統一と、それに基づく一貫輸送体制、とくに輸送能率の向上の実現が企図されたためです。運賃が統一されれば、全体として利用者の運賃負担は軽くなり、利用者が増えることが期待されます。一貫輸送体制が実現すれば、列車の直通、運転時間の短縮など、さまざまな効果が上がるでしょう。この頃までに鉄道は大量輸送機関としての地位を確立し、一九〇五年度には一億一三七〇万人、二一八八万トンという輸送量を示していました。新橋—下関、上野—青森といった長距離列車が走り、ある会社に所属する貨車も他の会社の貨物を運び、要するに全国的なネットワークが完成しつつあったのです。しかも資本主義が発達し、鉄道の使命がますます高くなると、鉄道の建設や効率化を全国的な視野から進めようとする鉄道改良や、そのための財源の統一が求められますし、輸送の体制も、能率を向上して需要に適応できるようにする必要があるというところから、国有化の問題が起こってきたのでした。

　この国有化問題は、実は一八九〇年代の初めに、すでに問題になっていました。ところが、私設鉄道をなかなか国有化できなかった。というのは、これは財界の利害が大きなネックになっていたからです。景気が良くなると、私設鉄道は大きな利益をもたらします。そこで鉄道国有論は力を失います。その逆に、景気が悪くなると鉄道を持っていても利益が上がらないから国有論が浮上するというように、景気の変動によって、財界は常にその意見を変えていきました。そのような時に、鉄道国有論を強く主張する組織が生まれてきました。それは軍部でした。軍部は日清戦争までに、中国大陸に兵力を送り出す港を広島の宇品《うじな》に定め、青森から広島まで開通した線路を通って、兵力を広島に集中させるという作業を始めました。その場合、輸送の指示、運賃計算、車両の運用など、官設鉄道と私設鉄道各社との間の事務はとても煩雑になります。そこで軍部は、軍事輸送を行なうためにも鉄道を国有化したほうがよいと考えるようになります。

さらに加えて、日露戦争が終った段階で、政府はこれからの日本の政策は、朝鮮と中国東北部をにらんで新しい進路を決める必要があると考えていました。それを政府は戦後経営と呼んでいました。その戦後経営を実現するために、日本の国内の鉄道と、日本が建設した朝鮮の縦貫鉄道と、日露戦争によって獲得した南満州鉄道、この三つの鉄道の一貫輸送体制を作る必要があると考え、そのために日本の国内の鉄道を国有化する必要があると考えました。それで、どの範囲の鉄道を国有化すべきかということになり、最初は三二の私設鉄道を国有化するという計画でした。しかし結局は、買収は一七社にとどめてしまうということになりました。しかもその買収費は、政府が発行する公債で支払いました。こうして鉄道全体の八〇%ほどが国有鉄道になりました。

国有化をめぐる政治紛争

鉄道の国有化は政治問題になり、鉄道国有法が実際に衆議院を通るときには、本会議の議場で大乱闘が起こり、野党の議員が全員退場するという混乱のうちに法案が通過するというように、野党は最後まで鉄道の国有化に反対する立場をとりました。その反対の理由はどこにあるのかというと、この時になって、三菱などの大財閥が国有化に反対するという立場を強めてきたのです。三菱は九州鉄道をほぼ支配していました。その九州鉄道の収益は株式の配当率が一割を超えるという、かなり大きなものでした。鉄道国有が問題になってきてから、改めて三菱は国有化に反対の姿勢を強めました。そしてこの時の内閣に外務大臣として入っていた加藤高明《たかあき》は三菱の女婿です。その加藤高明が辞職するという形で反対の意思表示をします。

それだけではなく、この国有化問題を巡っては、当時の西園寺内閣と、それを倒そうとする勢力が争い、西園寺内閣は無理矢理にでも国有化を実現しなければ野党に倒されるという政争が絡んでいました。当時、鉄道問題は政治の争いのカギになるほど大きなものとなっていたのです。しかしそういった政争が絡んでいたにしても、とにかく鉄道国有法はついに成立しました。その鉄道国有法には、日本の鉄道は政府がこれを経営するという原則が書かれました。日本の鉄道は国家が経営するという原則は、国鉄の分割民営化の時まで生き続け、他方で、一地方のローカルな鉄道は私設鉄道に任せてよいという例外を設けました。そして例外として認められた私設鉄道は、一九一九年に地方鉄道法を制定して地方鉄道としました。したがって、これ以後、日本の鉄道は、法的には国有鉄道と地方鉄道とから成ることになりました。

鉄道国有化がもたらしたもの

そこで、鉄道国有化が何をもたらしたかという点を考える必要があります。一九一〇年度の統計で、全国の鉄道の営業距離の約九〇％が結果として国有鉄道となったのですから、路面電車のような軌道を除けば、どの鉄道も国有鉄道になったようなものでした。営業距離が五〇キロ以上のめぼしい私設鉄道といえば、東武鉄道、成田鉄道、南海鉄道、中国鉄道で、あとは営業距離の短いものばかりでした。こうして国有鉄道が全国に広がると、まさに国鉄一色というべき統一が成立します。実際に駅の出札口に掛けてある運賃表も全国の各線が網羅されることになりますし、駅の標示も職員の制服も帽子の徽章《きしょう》も、すべて統一されました。「桐に動輪」の徽章は、まさに国鉄のシンボルになります。さらに、それまで私鉄各社ごとにまちまちであった車両の形式も統一され、また時間をかけて車両の規格もまとめられていきましたから、旧私鉄の個性を残している車両ももちろんありましたが、いわば国鉄色が強まっていきました。

このように、鉄道といえば国有鉄道という時代が到来して、利用する人々は乗車券を買うときも、青森から鹿児島まで通しの国鉄の乗車券を手に入れることに何の疑問を持つこともなくなりました。貨物を発送する場合も、私鉄各社ごとの面倒な手続きが不要になりました。

しかもこの時期、ちょうど一九一〇年代に入る頃、鉄道の利用度は旅客も貨物も年々高まっていきました。日露戦争後の経済活動や社会活動の活況がそれを促進しました。青森のリンゴが九州まで運ばれて青果市場に出回るとか、夏目漱石の『三四郎』では、熊本の第五高等学校から東京帝国大学に入学した小川三四郎が、九州の片田舎の小さな駅から東京まで旅行するとか、全国的なものと人の動きがいわば常識化していきました。

全国的交通・流通網の出現

ここに鉄道による全国的なものと人の流れの展開という新しい状況を見ることができます。すでに一八世紀後半あたりから、全国的な商品流通が成立したと見ることができるのですが、その商品は米、酒、干物、藍《あい》、織物など衣・食に関わるものが多く、必ずしも商品全般に行き渡るところまでいってはいないという状態でした。しかし、近代に入って産業革命が進み、大量生産による商品の全国市場が形成されると、農産物以外に工業製品、とくに衣料がまず全国市場を形成します。木綿の衣服、とくに下着はその代表といってよいでしょう。さらに工業原料や燃料、鉱石・石炭などの輸送は大きな課題となります。鉄道は、このような輸送対象の拡大と、距離の延長に対応する必要が生じ、国有化はそれを可能にしたのです。

人の動きも同様でした。『三四郎』のように進学のために東京を目指す人々、出稼ぎのために大都市に出る人々、そうした人々が大量に鉄道を利用するようになります。国有化によって、青函《せいかん》、宇高《うこう》、関門《かんもん》といった連絡航路が国鉄の経営するところとなると、四つの島と樺太《からふと》（サハリン）南部は、人々の移動の圏内に組み込まれていきました。

それだけではありません。鉄道国有の目的の中に出てくるように、日本と朝鮮、中国東北部も、このような移動の圏内にまとめられていきます。下関―釜山《プサン》間の関釜《かんぷ》航路は、国有鉄道の経営するところとなりました。一九一〇年に日本は韓国を日本の領土とし、ここに朝鮮総督府を置いて支配しますが、その総督府が鉄道の建設・経営にあたりました。一九〇七年にロシア東清《とうしん》鉄道の長春《ちょうしゅん》以南を譲り受けて南満州鉄道が設立されますが、この鉄道は、経営形態としては株式会社でしたが、政府が半額出資する国有機関としての役割を担っていました。このようにして、この二つの鉄道は、日本の植民地鉄道としての機能を果たすこととなりました。したがって、日本の鉄道の輸送体制は、それまでの日本の国内だけではなく、アジア大陸の東側にまで及ぶことになりました。

こうして、鉄道が国有化され、鉄道のネットワークが統一されると、重工業の発展という経済的効果はもちろん、人や物の動きの拡大が実現し、人々の生活に大きな変化を生み出すこととなりました。そして人々にとって鉄道は、なくてはならない移動・輸送の手段となったのです。さらにこの後、線路網が広がるにつれて、鉄道の役割はさらに大きなものとなっていきます。しかしそれに伴って、農・山・漁村と大都市との間の格差を拡大する傾向が生じていきました。また鉄道が政治によって動かされるという傾向も生まれました。この問題を含めて、国有後の国鉄とその他の鉄道が進んだ道とその影響を次の章で見ることとします。

鉄道の基盤確立と技術の進歩

鉄道に対する要請と組織の整備

東京駅の開業

一九一四年（大正三）一二月一八日、東京丸の内に赤煉瓦三階建ての壮大な停車場の開業式が挙行されました。正面の幅が二〇〇メートルを越える駅本屋（えきほんや。駅長室を中心として駅の主要な業務機関のある建物）は、それまでの鉄道の駅についての常識を破る壮大な建物でした。一八七二年（明治五）に新橋駅や横浜駅がつくられたときも、人々はそれまでの建物とまったく異なる文化の匂いを感じたものでした。そのときから四〇年余を過ぎて、鉄道は人々の生活にどっしりと根を下ろしてきました。それでもこの新しい駅の大きさは、それまで慣れ親しんできた鉄道が、さらにひと回り大きくなったという印象をつよくあたえました。

この駅は、建築中は「中央停車場」と呼ばれていましたが、開業に当たって、東京駅と呼ばれることとなりました。ドイツの鉄道では、その都市の代表となる駅をHauptbahnhofと呼ぶならわしがあります。Hauptは「中心」といった意味です（Bahnhofは駅）。英語圏の国ではcentral stationとなります。東京駅を最初に設計したのは、日本政府に招かれて東京の鉄道の改良工事を計画したF・バルツァー（F. Balzer）でした。彼は東京を南北に縦貫する幹線と、これと交差する東西の横断線、そして南北の縦貫線の西側に、山手と下町を結ぶ環状線と、この三つの線路を計画しました。現在の東京におけるJRの線路網の基本計画は、このバルツァーが定めた計画にしたがっています。

皇居を向いた駅

バルツァーは、この南北縦貫線が宮城《きゅうじょう》（皇居）の近くを通る位置に中央停車場を造ることを考えました。その位置は、宮城の東側から南側にかけてひろがる官庁街に近く、そのような位置からいって東京の中心という見方をしたのでしょう。実際に東京駅からまっすぐに建設された広い道路は、和田倉門を通り、そこから南に折れれば馬場先門の跡を右折して二重橋から宮城に入ります。北に折れれば坂下門からも宮城に入ります。ですから東京駅の壮大な駅本屋は、宮城と向かい合う位置につくられたということができます。しかも駅の東側はビジネスセンターというべき日本橋、京橋の会社・銀行の集中した地域があるのに、そちらのほうには出入口が造られませんでした。したがってこの駅は、「都市の駅」というより「国家の駅」とでもいうべき性格をそなえていました。

生活文化と鉄道

それでもこの駅の人気は高く、一二月二〇日から列車が発着して開業すると、たくさんの人々が押しかけたといいます。文明開化の頃に新橋駅に押しかけたのと同じような、新しいものに対する好奇心がはたらいたといえそうです。しかし、四〇年余の間に、鉄道はすでに人々の生活に定着していました。好奇心で押しかけた人も鉄道そのものに驚くというより、それまでの駅になかった設備がいろいろとそろってきたことに注意の目を向けました。たとえば、洗面所の設備など、水道の栓をひねると水が勢いよく出るのがたいへん珍しがられたとか、洗面所の洗面台にまたがって用を足したおばあさんがいたとか新聞は報じています。そのような、生活に結びつく道具のなかで新しいものに惹かれるという好奇心をもったり、まちがって使ってしまう人がいたりしたのです。鉄道は、文化の最先端を誰にでも見せる、利用させるという機関としてははたらいていたことが分かります。

鉄道国有化ののち、鉄道は前にも増して人々の生活に深くかかわっていきました。東京駅の開業は、その象徴的な事件でした。そのような、人々の生活にかかわる鉄道がどのような政策によって影響されたか、どのような方向に進んだか、それがこの章の課題です。ここではまず鉄道の政策を扱い、そのあとで鉄道で働く人々の問題を考えることにします。

鉄道政策の二つの面

国有化以後の鉄道政策は、そのときの政治のあり方に影響される面をたくさんもっていました。その例は、「建主改従」という建設を主とし、改良を従とするという政策のあり方でした。政治家の利害のために、鉄道の政策が振り回されるという一面がそこに現われています。しかし、他面では日本の経済政策のなかで鉄道のあり方を考えるという鉄道政策がしだいに力をもつようになります。これが鉄道国有以後の鉄道政策の重要なカギをなすことになります。ですから、そのころから後の鉄道のあり方は、一面では政治家の票集めの手段として使われながら、他方では日本の経済の発展のためにどう使うかという意味で鉄道政策がひとつの役割を果たすようになったと考えてよいのではないかと思います。鉄道国有以後の鉄道政策には、この二つの面が現われてくるのです。

広軌改築計画

ここでは、建主改従のほうは後回しにして、まずどのようなかたちで日本の経済の発展のために鉄道を考えるようになったのかという面からとり上げていきたいと思います。日本の経済発展と鉄道のあり方を関連づけて考えていく重要な政策の現われが、広軌改築という問題でした。広軌改築計画は、いうまでもなくそれまでの鉄道の軌間を国際標準軌間に広げるという新しい構想に立つ計画でした。この構想は、この時はじめて出てきたのではなくて、すでに一八八〇年代の終りに軍部が主張し、軍部がその広軌改築の考えを捨てたあと、今度は鉄道当局のなかで計画が立てられ、これが日露戦争の準備のために、とてもそんな費用は出せないというところから延期されたというういきさつがありました。

しかし、日露戦争のあと、アジア大陸との連絡輸送を考えるという面からも、また日本国内の鉄道の輸送能力を高めるという面からも、国際標準軌間に変更することが必要という見方が生まれてきます。実際に狭軌の鉄道と広軌の鉄道とでは、輸送力にかなりの差がありまます。その輸送力の差を考えてみれば、やはり鉄道の軌間を欧米並の標準軌間に統一するということが、緊急の要請としてとり上げられたのは必然性をもっていたというべきでしょう。

計画立案と社会状況

その最初の動きは一九〇九年（明治四二）に鉄道院総裁後藤新平《ごとうしんぺい》が立てた東京―下関間の広軌改築計画でした。しかし、その直後に成立した西園寺《さいおんじ》公望《きんもち》内閣は、広軌改築案を否認してしまいました。これは財政逼迫が最大の理由といわれております。そのあと一九一四年（大正三）に大隈重信内閣が成立すると、ふたたび鉄道院総裁に就任した後藤新平が中心となって広軌改築の計画を推進することになりました。というのは、この一九一四年に第一次世界大戦が始まって、日本の鉄道輸送量はそれまでと比較にならないほど大きなものになってしまいました。戦争が始まったから輸送量が大きくなったというよりも、戦争によってアジアの市場にヨーロッパやアメリカの商品が入ってこなくなったのです。そうなると、アジアの市場に商品を供給できるのは日本だけになってしまうということから、日本の経済は、アジアの市場をほぼ独占するほどの発展を求められていきました。しかもその当時、日本の国内では重工業の産業革命が進行して国内の生産力は飛躍的に高まっていました。アジア市場の独占と、産業革命の進行と、この二つの面から非常に大きな輸送需要が鉄道にかかってきました。

実験と技術開発

そうなると、とても狭軌の鉄道では輸送需要をまかないきれず、新しい輸送需要に対応できる鉄道を考えなくてはならないという理由で、広軌改築が必要という考えが生まれてきます。この要請に基づいて、大隈内閣は広軌改築の計画を立てました。この時はかなり計画が具体化して、実際に横浜線の原町田－橋本間に広軌の線路を敷設して実験を行なうというところまでいきます。機関車を広軌用に改造して、狭軌の線路と広軌の線路における実際の輸送、牽引力を計る作業も行なわれました。また工事を進めていくときに、どのような手順で進めてゆけばよいか、三本レールを敷いたほうがよいのか、四本敷いたほうがよいのか、さまざまな実験が行なわれました。

じつは、この実験にはすでに日露戦争が終わった時、南満州鉄道でいったん日本の国内の狭軌の線路に改築したものを、今度は国際標準軌間に変えるということをした経験があります。ですから満鉄が、能率的に作業を進める経験をすでにもっています。その満鉄の経験をどこまで吸収したかわかりませんが、とにかくすでに一度、広軌改築の経験があり、技術的な基礎を確立していたので、これを日本の国内で実現しようという姿勢をかなりつよく表わすことができたのだと思います。実際に日本の鉄道の軌間は、この広軌改築をめぐって、現在まで大きな問題を抱えることになります。山形新幹線や秋田新幹線、さらにいわゆるフル新幹線規格など、いろいろな問題として今でも軌間は大きな問題として残されています。軌間をどう考えていくかは、これからの日本の鉄道の問題でもあるわけです。

そのように今まで続いている軌間の問題は、その当時から正面からとり上げられていた問題で、ふたたび現われてきたということになると思います。

政府による計画の否認

しかし、この広軌改築計画は、また中絶してしまいました。それはなぜかというと、一九一八年に原敬《はらたかし》内閣が成立しますが、この内閣は初の政党内閣と呼ばれているように、政友会を基盤とする内閣でした。この内閣は、鉄道の改良より、政友会という政党の基盤を強めるために政友会に所属する代議士の票集めには、むしろ地方の鉄道線路を次々に建設したほうがよろしいという方針をもっていました。そうなると、広軌改築は不必要であるという議論がとび出してくるのです。これは、日本の鉄道にとって不必要という意味ではなく、政友会にとって不必要であるという意味です。つまり、政党の利害が、国家の利害にすり替えられてしまったのです。そのようにして、広軌改築計画は否認されてしまいました。

将来の広軌改築を見込む

しかし、鉄道の技術者は、そのままこの広軌改築計画を放棄したわけではありませんでした。実際に鉄道の車両は狭軌用の車両であっても、いつでも広軌の車両として使えるように車軸を長くとっておき、広軌改築が実現したときには、いつでもその車輪の幅を広げて広軌用の車両として使えるような措置をとります。それからまた鉄道を建設するときも、トンネルの大きさ、橋梁の大きさを常に広軌用としてとっておくようにして建設規格を広軌用に近いもの、または広軌用そのものに作り替えてしまうという措置もとられていきました。このような規格のあり方は、戦後新幹線が作られる直前まで維持されていきました。そして一九二二年に国有鉄道建設規程が作られ、狭軌用の規格として定められましたが、その建設規格、とくに車両の規格はなるべく広軌用の車両の規格に近づけておくという措置がとられました。ですから日本の鉄道車両は狭軌用の鉄道車両なのですが、限度いっぱい幅を広げ、高さを高くするという措置がとられています。そういう準備をしておいて、常に広軌改築を実現できる方針を考えておくという方法がとられました。そのように、機会があればいつでも広軌の鉄道を建設できるという意図をはっきり示したのでした。

このときから建主改従という政党中心の考え方と、改主建従という改良を主として建設を従とする、主に鉄道技術者の考え方が対立するようになります。

以上、鉄道国有が成立したのち、鉄道が国家の政策といっそう密接なかかわりをもつようになったこと、それは鉄道が日本の社会の中にどっしりと定着し、人や物を運ぶ「動脈」の役割を認められるようになったことを示していました。はじめに紹介した東京駅は、そうした動脈のいわば中心として、人々に巨大な姿を示したのです。

巨大な組織で働く人々

ここではもうひとつ、その動脈を動かしていた人々の問題をとり上げることにします。鉄道が導入されたころに比べれば、はるかに多くの人が、しかもはるかに複雑になったシステムの中で働くようになりました。もう、ここでは鉄道を「異文化」などと見ることはできない状態が生まれていました。

国有後の一九〇八年に、国有鉄道で働いていた職員の数は約八万八〇〇〇人、私設鉄道や軌道の職員も合わせると約九万二〇〇〇人になります。それらの職員は国鉄の場合、中央機関の中枢で計画を決定し、運用の中心となる首脳部、中央・地方の機関で事務の運営に当たる管理職・事務労働者と、駅で働き、列車を運転し、線路を保守し、また工事を担当する労働者から成っていました。現場で働く人々は現業労働者と呼ばれていました。このようにたくさんの職種から成る運営・運用システムと労働システムとは、近代化を進める企業システムの典型となっていました。しかも鉄道の機関は他の分野の機関とちがって管理部門と現業部門とが巨大な組織をつくっているのですが、なかでも国有鉄道の場合、それは全国的なネットワークをもっています。この点は、近代日本における企業の代表的なモデルタイプとなっていました。鉄道国有は、このような巨大組織をつくり出したという点でも画期的な意味をもつ事件だったのです。国有鉄道の組織は、別表のように移りかわり、最後には政府の省の一つになります。そして、国内の私設鉄道、のち地方鉄道に、さらに軌道に対する監督の権限ももつことになりました。

この当時、このような巨大組織で働く人々をどのような理念でまとめるかが大きな問題となっていました。国鉄の場合でも私鉄の場合でも、企業の規模が大きくなって労働者の数が増えてきたという事情、また日露戦争のあと労働運動が盛んになって社会問題になってきたという事情、この二つの事情が生まれ、この新しい状況にどう対応するかという問題が起こってきました。

国有鉄道の組織の変遷

1907. 3.12	帝国鉄道庁（逓信省外局）
1908.12. 5	鉄道院（内閣）
1920. 5.15	鉄道省
1943.11. 1	運輸通信省鉄道総局
1945. 5.19	運輸省鉄道総局
1949. 6. 1	日本国有鉄道
1987. 4. 1	旅客6社，貨物1社に分割・民営化

大家族主義の導入

国鉄の場合には大家族主義とか、国鉄一家という新しい理念が提出されてきました。国鉄は、分割民営化されるまで国鉄一家の意識が非常につよいと社会から非難される例が多かったのですが、この国鉄大家族主義をつくり出していった理由は、今述べたように労働運動が非常に盛んになってきたときに、鉄道の企業を一つの人間の体にたとえて、そこに働いている人々はすべてその人間の体の一部分なのだという意識を身につけさせてゆくところから始まりました。それは当時ドイツで成立していた国家有機体説という新しい国家論をそのまま鉄道の企業に当てはめて、人間の体の一体感をそこで働く人々に植えつけてゆこうとしたのです。その場合、その一体感を国鉄一家という家にたとえることによって、この理念は当時の日本の家族主義の原則にぴったりと適合することになりました。

「国鉄一家」

たとえば小学校などを卒業して鉄道に入って働き始め、どこかの駅や機関庫に就職したりしますが、そういう労働者を誰が指導するかといえば、駅長であるとか助役であるとかで、彼らはその下で働いている人たちを自分の子分として指導していきます。これらの人々は、みんな同じ町や村に住んでいることが多く、とくに駅長や助役は駅のすぐ近くの官舎に住んでいるところから、ほとんど二四時間の付き合いが始まります。そして金がないといえばいくらかでも貸してやるというように、互いの生活を助け合っていく。結婚ということになれば、駅長がどこからか候補者をさがしてきて結婚させる。その職員の父母が亡くなったとなれば、駅のみんなが葬式の手伝いをするというようにして、文字どおり家族ぐるみの体制をつくっていきました。それが国鉄一家です。そういった職場ごとの家族意識が国鉄全体の家族意識に広がっていきました。しかも国有鉄道は全国組織なので、北海道で働いている人が仮に九州まで出かけていっても、お互いに国鉄職員であるという連帯感によって助け合うということができました。そのような意識が、労働運動をあまり大きくしないですむという効果を生んでいきます。

前近代的な人間関係

しかし、それはまた封建的な徒弟組織を残す結果にもなりました。親分とか親方、子分とか子方というのは実際の親子ではないけれども親子のような位置、役割にあるという意味の言葉ですが、そこに近代的な平等の人間関係でない、すべての構成員が差別されるという人間関係が成立します。その意味で封建的な組織というのです。近代の天皇制国家の組織原理も同様です。ですから封建時代の武士の組織だとかヤクザの組織だとか、そういったところでつくり上げられた組織のあり方が、近代的な組織のあり方に入りこんでくるという問題が生まれました。それは鉄道の組織だけではなく、当時の日本では天皇が親で国民は子という家族国家観が国民統合の理念とされ、軍隊でもどこでもこうした親子関係（擬制といいます）を考えて組織がつくられていきました。そういった一家意識によって鉄道は維持運営されていきました。これが第二次大戦後の新しい時代になってもまだ残されていて、日本の鉄道における労働運動は、この一家意識をどうするかというところからはじめていかなければならなかったのだと思います。これは今でも大きな問題で、日本社会のこういった封建時代以来の結びつきのあり方を、どこで克服できるのかということは、これから非常に大きな問題になると思います。

新しい労働組織と古い人間関係

実際に電化が進むと、電鉄企業などはそれまでの鉄道に比べても、かなり新しいシステムをつくり出し、そこで新しい労働のあり方が生まれてきているはずでした。ところが、新しいシステムをつくり、新しい労働組織をつくっていっても、たとえば電車の運転士、車掌という労働組織のあり方は、依然として古い親方子方の関係が残されていくという面がつよかったのです。一九三〇年代はじめに大阪市電の車掌をやっていた人の日記の復刻されたものを読むと、新しい労働組織や古い意識や組合運動の中で、彼自身の生き方は古い親分子分の生き方から十分に抜け出すことができないという点が、かなりはっきり出ているように思われます。

職種による差別

また、もうひとつ大きな問題は、そこで働いている労働者が自分の仕事に対して、いわゆる誇りをもつことが阻害されています。ということは、自分のしている仕事が社会のなかで、どのような位置づけをされているかという自覚が非常に弱いということ。そこでその車掌をやっている人も、いつかはその現場から離れたいと思っている。きたない仕事、つらい仕事はやりたくないという今の意識とよく似ています。これは戦後の鉄道組織のなかでも一貫しています。自分の仕事に使命感をもっている人、たとえば保線の人たちは自分たちの仕事が安全を確保するために大切なのだという意識をはっきりもっている。それから列車の運転乗務員も非常につよい使命感をもっていました。そこで、たとえば熟練した機関士は判任官に任命する。普通、機関士は一般の労働者ですから地位が低いのですが、十何年機関士を続けてきて十分な熟練度をもってくると、その機関士を判任官として採用する。判任官に採用されれば、「天皇陛下の官吏」です。実際には機関車の運転をやってはいるけれども官吏の身分として運転している。そこで機関士の自覚を促してゆく。これが判任官機関士制度の目的でした。しかし、この制度は結果として労働運動抑制に使われたという見方もあります。このような熟練機関士であれば子分が大勢いるので、彼が労働運動に参加すれば、それに従う人もかなり多いのです。しかし、判任官に任命することによって、彼が労働組合運動に走るのを防ぐことができるというのです。もしそうであるとすれば、この制度は仕事についての社会的な自覚や誇りを生まないということになります。そういう問題をきちんと検討する方向は、まだ生まれているとはいえません。それは現在の日本の企業における組織運営のあり方にもつながる大きな問題だと思います。

学歴による差別

こうした大家族主義と同時に、とくに国鉄の場合には前に触れた組織のなかの職分別に採用・昇進のコースが分かれていったということも見ておく必要があります。組織の中枢で方針を決定する階層、管理部門で働く事務労働者、現場で働く労働者と分けてみると、第一の階層は帝国大学を卒業した人々、第二の階層は中等学校または小学高等科を卒業した人々、第三の階層は小学校の高等科または尋常科を卒業した人々、というようにまず学歴で格差がつけられました。そして第一の階層の人々は、いきなり判任官となって地方と中央の管理職を往復しながら二、三年で奏任官になり管理運営の方式を学び、事務系の場合も、技術系の場合も中枢で働くことになります。第二の階層の人々は、ほとんど移動することなく、与えられた職場でその職務の熟練労働者になります。組織のなかの管理職として判任官や奏任官になることはありますが、中枢に入ることはありません。第三の階層も同様です。前に述べた判任官機関士のように「任官」することはありますが、それ以上の昇進は稀《ま》れです。このように昇進の速度も、職務の内容も、採用のときから格差がついているのが実情でした。

こうした職分別の職務コースの格差がつけられたのは鉄道だけでなく、日本の官庁、企業組織の通例で、それは近代的な官僚制度の合理的な機能を発揮することを目指して導入されたものでしたが、実際には身分的格付けが先行してしまうという欠陥を生みました。

このように、鉄道で働く人々の組織原理や制度は、欧米の合理的なものを導入しながら、旧来の社会組織の変革を成しとげるということがなかったという点に、現在に至る問題が残されたということになります。

鉄道と地域との密着

前の節で、地元有権者の支持を取りつけるために、鉄道線路の建設を図る代議士の動きが盛んになり、それが建主改従という、鉄道のあり方にかなり大きい影響を与えたことを紹介しました。ここでは、この問題から出発して、この頃になって表面化してきた鉄道と地域との関係を中心に考えていくことにします。

地域住民の鉄道誘致

まったく異質の文化として導入された鉄道は、鉄道国有が実現する頃には「自分たちのもの」というか、それぞれの地域の住民にとって、なくてはならない輸送手段として考えられるようになってきました。だからこそ代議士たちの票集めの手段として、鉄道建設が有効な方法とされるようになったというべきでしょう。各地の人々の鉄道建設についての関心は、日清戦争の直後に高まったことがありました。しかし、これは鉄道建設のために会社を設立して、いったん株式を発行すると、そのまま会社を放り出してしまうというような欺瞞的なものが多く、政府でも免許を与えないのが通例でした。これに類する動きは、このときより小規模でしたが、すでに一八八〇年代後半から起こっていて、それを第一次の「鉄道熱」と呼んでいます。イギリスにも、かつてこうした動きがあったようで、このような鉄道企業を起こすことに熱中する人をrailway mania と呼びました。鉄道が大好きという人は、英語では railway enthusiast と言います。そういう人々を日本では「鉄道マニア」と呼んだりしますが、イギリスで railway mania と呼ばれたもともとの意味からいうと誤った呼び方ということになりかねません。もっとも鉄道について他人が持っていないような珍しい物を集めて、いつかはもうけてやろうなどと考える人は railway mania なのかもしれませんが。

資本主義の発展と「鉄道熱」

ともあれ、日清戦争後の企業熱は、第二次の「鉄道熱」の時代をつくり出しました。さらに日露戦争後、今度はそのような詐欺まがいの計画ではなくて、自分たちの地域にも鉄道をつくりたいという動きが各地で起こります。それは、資本主義が急速に発展すると新しい市場がつくられてきて、その市場に生産した商品を送りこむ有効な輸送手段が必要となってきたからです。当時そうした輸送手段といえば鉄道以外にありません。そこで鉄道を建設したいということになったのです。

鉄道敷設法の問題

ところが、そこに大きな壁がありました。それは鉄道敷設法でした。すなわち、国有鉄道の場合にも私設鉄道の場合にも、鉄道をつくるときには、建設線は敷設法に規定されているので、まず鉄道敷設法を改正しなければならないという問題が出てきます。ところが実際に鉄道敷設法を改正するということになると、帝国議会の承認が必要になります。このようにして改正のためには非常に複雑な手間がかかるし時間もかかります。各地で進められている鉄道の計画を、実際に鉄道敷設法を改正して実行するとなると手続きが煩瑣《はんさ》で時間がかかり、必要に応じられないという事態が起こりました。

軽便鉄道法の成立

そこで、何とか鉄道敷設法を改正しなくても鉄道を敷設できないかということになって、鉄道敷設法を改正しなくてもつくれる鉄道を軽便《けいべん》鉄道として位置づけるということになりました。一九一〇年に公布された軽便鉄道法がそれです。この場合、「軽便」という言葉の意味は、必ずしも規格が低いという意味ではなくて、手続きを簡素化したという手続き上の軽便という意味が大きいのです。軽便鉄道というと、一般の鉄道よりも低い規格でつくられた鉄道、たとえば軌間もせまいし、車両も小さいと考えがちですが、しかしここで言っている軽便鉄道はそれも含むけれども、規格は一般の鉄道と同じ規格を採用していても、手続きが簡素化されたものなのです。ただ、この軽便鉄道は、軌間の制約もない、曲線・勾配の制限も緩やかで、停車場の設備も簡単なものでよろしいということになりました。

地方交通線の拡大

実際に鉄道をつくる場合、その地方の有力者が鉄道の建設計画を立てることが多かったわけですが、その地域の経済力からすると、とても一般の規格の鉄道をつくるのは困難である、ということがかなりありました。たとえば停車場などにしても、政府が定めた規格に基づいてつくらなければいけないとなると、かなりの費用がかかります。そこで規格を簡素化して、たとえばホームの長さを短くしてもよろしいとか、線路についてもレールも軽いものを使ってもよいなど、規格をかなり軽くして地方の資力で鉄道をつくれるようにしました。ですから軽便鉄道という言葉の意味は二つあって、ひとつは手続き上非常に軽くしたという意味、もうひとつは規格も軽くしたという意味の、二つの意味があります。現在、日本の国内で軽便鉄道としてどのようなものがあるかというと、この当時につくられた軽便鉄道がそのまま使われている例が、結構たくさんあります。一ノ関から分かれて大船渡《おおふなと》のほうへ行く鉄道、それと北上から分かれて奥羽線の横手に出る鉄道、これらはみんな軽便鉄道でした。このような軽便鉄道が各地に建設されるようになり、あちこちの地域に新しい地方交通線がつくられるようになりました。

農村構造の変化

このようにして各地に鉄道が建設されると、農村の構造が変わってきます。軽便鉄道の例ではなく、ずっとあと一九二七年（昭和二）に小田原急行鉄道（現・小田急電鉄）が開通してからの例ですが、今は川崎市の麻生《あさお》区になっている柿生《かきお》村も小田急が開通することによって駅の隣りに市場がつくられて、今は小田急は貨物輸送はしていないけれど、貨物を運ぶというようなかたちで都心と結ぶ、または横浜の市場と結ぶということが可能になっていきます。そのようなかたちで、鉄道の開業によって流通が促進されます。ですから地方の有力者は争って鉄道の計画を立てていきますし、それがまた政党の票につながるということになります。今でも駅の前に運送会社があり、少し離れたところに市場があって、というような集落が残されているところがあります。それはやはり、この当時につくられた駅のひとつの典型をなしているということです。

今では貨物の鉄道輸送が減少して、貨物輸送の拠点がトラックのターミナルに移っていくというような変貌を遂げていますが、ひとつにはこの時代に軽便鉄道がつくられた基本的なパターンが今でも残されているということになります。

地域社会の変化

そういった地方の集落の変化が、軽便鉄道の建設によってひき起こされていきました。それまでのいろいろな制約から解放されて、どこにでも鉄道がつくられるようになってきたということが、今度は地方の地域社会を変えてゆくという点で、大きな進歩を示すようになります。一九一三年、一四年、一五年と、ちょうど第一次大戦に至る頃に四〇〇から五〇〇キロの開業線路が延びています。この開業線路の大部分は、都市の鉄道ではなくて都市外の鉄道でした。これらの鉄道がいっせいに開業することによって、地域社会が変わっていくという変化が起こります。これらの軽便鉄道の特徴は、だいたいが行止まりの盲腸線であることが多いということです。幹線から幹線へと結ぶのは、先ほど触れた北上線などに見られますが、大船渡線のようにどこかの港につないでそこで終わっているという盲腸線のかたちをとっている線が多く見られます。それがのちに赤字線を生み出すひとつの原因になりますが、その地域の人々にとって鉄道が開通するということは、たとえどこかの駅で乗り換えなくてはならなくても、東京や大阪まで汽車に乗ってゆくことができる、という意識を生み出していきます。要するに地方の人々の中央志向を高める上で、この軽便鉄道は大きな役割を果たしています。

中央志向と鉄道誘致

日本人は今でも中央志向が非常につよい。その中央志向は、このあたりから鉄道を介して高められていったということができます。ですから地方の経済構造を変えるだけでなく、その地域の人々の中央志向を高めるという、意識変革を進めていった点も考えておかなくてはなりません。ここでは岡山の下津井《しもつい》軽便鉄道の例をあげておきます。この下津井軽便鉄道というのは、岡山から宇野まで走っている宇野線からさらに分かれて下津井という町までつないでいる鉄道でした。これも一番最初に宇野線を作るときに、岡山からどこまで線路をひっぱるかというときに、おそらく宇野か下津井か、そういう町が線路を誘致して争ったわけです。どちらも港であるわけですが、下津井の人々も当然岡山と下津井を結ぶ鉄道を要求します。ところが、どういう事情が働いたのか鉄道は宇野に結ばれてしまいました。そうすると下津井の人々は、この軽便鉄道によって岡山と結びたいという意識をもつようになって、そこで自分たちの力で軽便鉄道をつくるという方向に進んでゆきます。それが下津井軽便鉄道をつくる最大の動機になったと考えてよいわけです。ほかにも、たとえば辰野《たつの》から豊橋まで出てゆく飯田線の場合、中央線が塩尻《しおじり》へ回って木曾福島のほうへ出るルートを決めたため、飯田の人々は何とか鉄道で東京に結びたいと考える。そういったところから伊那軽便鉄道という鉄道をつくって辰野に結ぶという方法をとりました。

鉄道建設を推進した人々

これらの鉄道建設を推進したのは、多くはその地域の大地主です。その大地主が自分たちで製糸工場をつくったり、要するに寄生地主化が進んでいって、製品の輸送のために軽便鉄道をつくりたいとか、また寄生地主になって中央に出てきた人々が自分の郷里に鉄道をつくるというような動機など、いくつかのパターンがそこに出てきています。その他にも、その地域と直接利害をもっていない人々が鉄道で利益を得ようとして地方の鉄道をつくる例があり、雨宮敬次郎《あめみやけいじろう》とか才賀藤吉《さいがとうきち》らは当時軽便鉄道王と呼ばれました。

国府津―熱海間の鉄道建設

たとえば、今の国府津《こうづ》から熱海《あたみ》までいちばん最初は人車鉄道がつくられました。人が車を押してゆくという人車鉄道がつくられたわけですが、この人車鉄道を改造して蒸気機関車を走らせたのが、この雨宮敬次郎で、彼は大日本軌道という鉄道会社をつくりました。ここで大日本軌道というように、彼は日本の各地に非常に規模の小さな鉄道をつくっていきます。ここで使った機関車は、今、熱海の駅の前に展示してあります。非常に小さな機関車です。しかも現在東海道本線が走っているような線路ではなくて、山と海との間の崖を縫って走ってゆく、危険といえばかなり危険な鉄道です。芥川龍之介に『トロッコ』という作品がありますが、この『トロッコ』は、この軽便鉄道からさらに東海道本線、当時の熱海線をつくっていくところの工事の話です。そういったかたちでその当時の作家も注目するような変化が鉄道建設の上でも現われてきます。

東海道本線の国府津―熱海間は人車鉄道、軽便鉄道、幹線鉄道という三つの段階を踏んで発展したことがわかります。一九一〇年代に入る頃、みかんの栽培が早川から根府川《ねぶかわ》、真鶴《まなづる》のあたりで盛んになってきます。人車鉄道ではこのみかんを運ぶことができなかったのが、軽便鉄道になって非常に少ない量ながら運べるようになりました。そのようにして旅客輸送だけでなく、軽便鉄道に変わることによって貨物輸送が可能になり、そしてそれが幹線に変わると大量輸送が可能になりました。

軽便鉄道から地方鉄道へ

ところで、軽便鉄道がたくさん増えた段階で、鉄道の分野に大きな変化が生まれました。私設鉄道は鉄道国有によって少なくなっていましたから、国有鉄道以外の鉄道は軽便鉄道ばかりというような状態となりました。そこで、この軽便鉄道と、それまでの私設鉄道をまとめてしまったほうがよい、という動きが起こってきます。そして私設鉄道をつくる場合にも鉄道敷設法の改正を必要としないというように進めたほうがよいのではないか、という動きが始まりました。また別の面では軽便鉄道と呼ぶのがふさわしくない例も起こってきました。

たとえば、東京の地下鉄道をつくるときも、私設鉄道なのかどうなのかということが、ずいぶん議論されました。もし私設鉄道としてつくるとすると、鉄道敷設法を改正しなければいけない。そのような手続きはとらないで、むしろ軽便鉄道というかたちでつくったほうがよいのではないかという議論が出てきて、東京の地下鉄道は東京地下軽便鉄道という名前でつくられていきます。しかし、地下鉄道はいくら規格を軽くするといっても、地下にトンネルを掘ってつくるわけですから、あまり簡単なものはつくれない。とすると、施設の上では一般の鉄道と変わらない立派なものをつくらなくてはならない。これを軽便鉄道と呼ぶのはおかしいではないかという議論も出てきました。そういったケースが、ほうぼうに現われてきました。

それから東京のあとで触れますが、市街地の周辺にいわゆる近郊の電鉄がつくられるようになりました。この電気鉄道も軽便鉄道法によってつくったほうが手続きが簡単だというわけで軽便鉄道でつくられます。しかし、これも電気鉄道であれば簡単なものをつくるわけにはいかない。かなり規格のしっかりしたものをつくる必要がある。となると、これは事実上一般の鉄道と変わらないものをつくらなくてはならない。ということで、結局のところ軽便鉄道と私設鉄道を一緒にしてしまって、別の呼び名をつくろうということになりました。そうなると私設鉄道ではどうもまずい。そこで国有鉄道に対して地方鉄道という呼び名を考えるようになります。この地方鉄道が法律として定められたのが一九一九年（大正八）です。それまでつくってきた軽便鉄道も、この地方鉄道に含めてしまおうというようになりました。ですから私鉄という言葉は残ったけれども、これは法律上まったく根拠のない呼び名になってしまったのです。

「私鉄」という名称

ここでつくられた地方鉄道という言葉は、法律の制度の上ではいわゆる一般の企業の鉄道も公共団体の鉄道もみんな含みますから、地方鉄道という言葉が、いちばんふさわしいのかもしれません。しかし、実際には私鉄という言葉が残されていて、地方鉄道という言葉は何となく一般の人々にはなじみのない言葉として、あまり使われませんでした。そこで戦後、この地方鉄道の別の呼び方として民営鉄道という言葉が生まれてきます。そのようないきさつが、ここにはあります。今では国有鉄道もなくなったし、民営鉄道も私企業や公企業があって区分しにくい。そこで全部一括して鉄道という呼び方になっています。一九八六年（昭和六一）に鉄道事業法という法律が公布されて、国鉄の分割民営化によって、鉄道という新しい呼び方が生まれました。ですから今、法制上は国鉄も民鉄もありません。みんな鉄道として一括して呼んでいます。しかし、ＪＲと民鉄というような区分が今でも残されています。ですから、じっさいには法制上の区分はなくなったのですが、事実上の区分は残されています。このように見てくると、日本の鉄道事業は、非常に複雑ないきさつをもっているということがわかります。そのいきさつを通じて、日本の鉄道はまだ変わっていくことになるかもしれません。そういう変化がどのように起こってくるのかは、新しい二一世紀にかけて、またわれわれが一定の展望をもたなければいけない問題として出てくるのではないかと思います。

都市・周辺の電気鉄道の発展

私設鉄道や軽便鉄道が地方鉄道に改変されていく状況のなかで無視できないのは、大都市やその周辺での鉄道、とくに電気鉄道です。そこで、大都市やその周辺の電気鉄道を考えてみましょう。

一九一〇年代の終りあたりから、都市に対する人口集中がいっそう進む結果になりました。人口集中は、都市交通をどのように変えたかというと、まず第一に古くからある市街地における輸送手段の路面電車が対応できなくなって、新しい交通手段として都心を通る高速電車が必要になってきました。東京でいうと、山手線とか中央線とかの高速電車が生まれていきます。それと同時に、古くからある市街地の周辺に新たな市街地が形成され、都心と近郊市街地を結ぶ、いわゆる近郊電鉄が増えてきます。ですから市街地における都市高速鉄道と、周辺の地域と都心とを結ぶ近郊電鉄、この二つの鉄道が新しい都市交通手段として生まれてきたということになります。

近郊私鉄の発展

東京の場合、京浜電気鉄道から時計まわりに目蒲《めかま》電気鉄道、池上電気鉄道、東京横浜電気鉄道、玉川電気鉄道、帝都電鉄、小田原急行鉄道、京王電気軌道、西武軌道、武蔵野鉄道、東武鉄道東上線、王子電気軌道、京成電気軌道、東武鉄道、城東電気鉄道といった、いわゆる近郊私鉄が出現します。このうち京浜・玉川・京王・西武・王子・京成は路面を走ることを建てまえにする軌道でした。大阪の場合、大阪市を中心に見ると、南海鉄道各線、阪神電気軌道、阪神急行電鉄、京阪電気軌道、大阪電気軌道、大阪鉄道となり、南海・大阪以外は軌道で、東京よりも軌道の比率が高いのが特徴でした。軌道が多いのは、日露戦争前後に、路面電車が都心交通機関として登場し、いわばそれと連絡することを目的として開業したために軌道の方式をとったといえますし、また鉄道敷設法の壁のために、軌道として開業するほうが有利だったからと見ることができます。

都心縦断鉄道の欠如

これらの近郊電気鉄道は、大きな輸送力をもって都市交通機関の役割を果たしましたが、ひとつ大きな問題を抱えていました。それは都心との連絡の不便なことでした。名古屋の場合には、一九四四年にようやく南北を貫く名古屋鉄道の線路がつくられるというように、はるかに遅れてしまいました。それでも名古屋では都心を通過するかたちをとったのですが、東京の場合、池袋、新宿、渋谷、品川、上野という山手線の各駅に終点を置くということになり、都心部に入れません。そのため郊外からそれらのターミナルに着くと、路面電車に乗り換えるか、山手線を迂回するか中央線を使わない限り、都心部に入ることはできません。都心部を貫いているのは中央線一本と、南北の京浜東北線だけでしたから不便でした。大阪の場合も同様で、北部の梅田、南部の難波《なんば》、天王寺、湊町あたりで全部近郊電車は切られて都心には入れない状態になってしまいました。

日本の都市計画の問題点

それはいったいなぜなのかという問題があります。都心部を貫通する鉄道の計画は、小田急の場合でも他の電鉄会社の場合でも、けっこう古い時期から都心周辺の環状鉄道の計画をたてていました。東京横浜電鉄の場合も同様です。それが実現しなかったのは、用地買収費がかかるからとか、いろいろな問題があったと思います。しかし、なぜか都心を貫通する鉄道が戦後までつくられることなく終わったという事実があります。その理由として、東京市が独自の地下鉄道計画をたてていて、私鉄の乗り入れに反対したとか、さまざまな点があげられますが、要するに都市計画と鉄道網の計画とが十分に連絡をとっていなかったこと、鉄道省と東京市との協調がよくなかったことなどが理由の主なものと思います。その点ベルリンなどは、環状鉄道と縦貫鉄道のバランスが比較的うまくつくられるようになりました。そして地下鉄道のネットワークがそれらと連動することによって、比較的便利な輸送が行なわれるようになっています。ロンドンの場合も同じです。

都心部乗り入れと私鉄の利害

第二次大戦後になって、ようやく都心乗り入れが実現しましたが、そこでも問題があります。たとえば非常に奇形的な乗り入れのかたちが行なわれていて、それで効果を上げていないという現実があります。

たとえば小田急線の場合、千代田線がなぜ代々木上原から分岐するようになったのかというような問題です。これは本来、喜多見《きたみ》から都心に向って分岐する予定でした。多摩センターのほうから新百合ヶ丘で小田急線に合流して、喜多見で分岐して千代田線として独立する予定でした。それが小田急の主張によって、代々木上原分岐にされてしまいました。これは小田急の利害が原因のようです。運賃収入を得るため、小田急が都心へ入る旅客をたくさん負担することを望んだためで、それが今では小田急の負担を大きくする原因になっています。

このように企業の利害が、かえって当の企業の負担を増し、通勤する人々にとっても負担になってしまいました。ですからじっさいに都心乗り入れという新しい方法を考える場合でも、その乗り入れが、各鉄道の負担する輸送量を解決していない面が非常にあります。ここに大きな問題があります。京王はその点で、比較的スムーズに輸送負担を分担することに成功しました。京王線で多摩センターに乗り入れている都営新宿線は笹塚から都心のほうへ分岐するという、考えようによっては代々木上原とそう違わないところから分岐させていながら、しかも互いの輸送の負担をそれほどバランスを崩さないで実現するようになりました。これは全体の輸送量が小田急に比べれば小さいということが原因かもしれませんが、このような問題は、たとえば中目黒の分岐のあり方とか、南千住《みなみせんじゅ》や泉岳寺《せんがくじ》の分岐のあり方など、われわれはもっときめ細かく見ていく必要があるだろうと思います。

将来を見通せなかった鉄道政策

現在の問題点のそもそもの発端は、一九二〇年代に始まる都市交通の近代化のあり方に戻ってしまうのです。そこで、なぜもっと根本的な対策がたてられなかったのか、また、将来を見通す対策が立てられなかったのかという問題があります。鉄道の建設は非常に大きな固定資本を投下するわけですから、建設するときには少なくとも五〇年から一〇〇年先という見通しをたてなければだめなのです。ところが日本の鉄道は、一〇年先の見通しすらたてないで建設を進めているという面があるのです。そういう問題が都市交通のなかに現われてきました。そこで、まだ都市交通政策などなかったのだと言わざるを得ないことになるのです。

鉄道技術の発展

技術水準の向上

前の章では、鉄道国有後、鉄道が政治・社会システムのなかに組み入れられ、同時に地域との関連を深めていった点について見てきました。その鉄道が、この時期にどのような変貌を遂げていったかという点も見逃すことはできません。つまり、外からの影響に対応するために、鉄道はとくに輸送力充実のための変革を進めていきました。そして、一九三〇年代半ばまでに非常に高度な技術水準を達成しました。異文化として導入された鉄道について、四〇年の間に建設・車両の技術自立を実現しましたが、こんどは、それを自分たちの要求に適合させる鉄道につくり変えるという作業が本格的に進められ、その結果がさらに大きな鉄道の変貌を生んだのです。ここではそのような鉄道の変革を、技術水準の向上という視点を中心に見ていこうと思います。

大量輸送の実現

まず考えてみなくてはならないのは、輸送単位の増大と線路網の充実という問題です。第一次大戦を通じて新しい重工業部門とか化学工業部門の拡大が進みます。そこで起こる変化は、たとえば原料や製品は、馬車とか人がひく車で運ぶという規模の手段では、とうていまかなうことができません。要するに大量輸送手段が要求されてきます。工場の規模が大きくなれば、大量輸送の手段が必要とされる。ということは、セメントの原料にしても燃料の原料の石炭にしても、とにかく輸送単位を大きくしないととても運びきれません。今、南武線あたりで運んでいる奥多摩の石灰石なども、一個の列車の単位が八〇〇トンという単位で運んでいます。このように輸送単位は、今では八〇〇トンから九〇〇トン、一二〇〇トンというものが要求されているわけです。それはすでに第一次大戦が終わる頃には、要求されてくるのです。そして前にふれたように一九二三年に九九〇〇形（D五〇形）機関車が東海道本線で九〇〇トン輸送を開始します。D五〇形というのは、まさに重化学工業部門が求めていた輸送単位に対応する機関車としてつくられていきました。それまでの九六〇〇形という機関車では、せいぜい六五〇トンにとどまっています。それを一挙に九〇〇トンに引き上げていくという、新しい輸送要請に対応す輸送の態勢が求められるようになりました。このようにして、重化学工業が発展することによって、大量輸送の態勢が求められるようになりました。

重化学工業の鉄道依存

そういった大量輸送の態勢が、一九一〇年代の終わりから二〇年代の初めにかけて現われてきます。ふつう、大量輸送手段は、とくに重工業部門でも要求されますが、この場合には化学工業部門の発展が、そのような大量輸送を求めていたということに注意しておく必要があると思います。肥料にしても、セメント、石炭の輸送にしてもそうだし、とくに化学工業の原料の輸送、製品の輸送、これは重工業というか機械工業の部門よりも、もっと切実に鉄道に依存する態勢をとることになりました。鉄道の貨物の輸送需要がほとんどなくなってしまった段階でも、セメント、石炭、石油、これを国鉄の人々は3Sと呼んでいましたが、それらの輸送はやはり鉄道貨物に依存しなければならないというのが八〇年代に入ってからの日本の国鉄の貨物輸送のかたちだったわけですが、そのようにして化学工業部門は最後まで鉄道貨物輸送に依存せざるを得ないという特性をもっていました。現在の中国でも、石炭、石油の輸送は、全面的に鉄道に依存していて、三〇〇〇トンから四〇〇〇トンという大規模な貨物列車の輸送をやっています。そのようにして、重化学工業部門が発達したことが鉄道の貨物輸送を発達させる直接の原因になっていきました。このことが、まず第一に指摘されなければなりません。そして、それに続くかたちで機械工業、紡績、製糸というような部門が、やはり同様にそれぞれに生産量を上げて鉄道輸送に依存する。とくに鋼材の輸送は、全面的に鉄道に依存せざるを得なくなりました。そして、鉄道の発達が、逆に今度は工業化を促進するというような相互関係を生み出してきました。

線路網の変化

そうなると幹線の複線化、それから電化というような新しい要請が生まれますし、さらに工業地帯の形成に伴って、東京近辺でいえば川崎、鶴見の埋立地に鉄道線路網が広がります。また、九州における門司から小倉にかけての臨港地区の鉄道のあり方が変わってくるとか、阪神の工業地帯における線路網のあり方など、新しい工業地帯と港湾における線路網の変化が現われてきます。名古屋でも同じことです。名古屋港であるとか、白鳥のような貨物駅がつくられていきました。そのような線路網の変化、さらに線路の重軌条化、それまでの三〇キロレールを三七キロにし、三七キロを五〇キロにするという重軌条化も、輸送単位が増大することによって進んでくるという現象も生まれます。そのようにして至るところで重化学工業の発達が鉄道自体を変えていく。そして鉄道の設備が整うことによって重化学工業化を推し進めていくというような相互関係が進んだのです。

幹線の改良

線路網の充実という点については、前に見たようないわゆる地方交通線の問題がありますが、ここでは主として幹線の改良を考える必要があります。前に出てきた「建主改従」に対する「改主建従」にも通じる問題です。

一九一三年には東海道本線の全線複線化が完成しました。幹線の線路増設は、こののち大都市や工業地帯を中心に進められ、一部には複々線区間も出現しました。これと並んで幹線の勾配や曲線をゆるやかにするための別線の建設、距離を短縮するための短絡線の建設が進められます。同じ東海道本線の大津―京都間の新線建設は、これらすべての要素を盛りこんだ画期的な改良工事でした。東海道本線のような幹線では、建設されたときに最急勾配を一〇〇〇分の二五としていたのですが、これでは輸送力が不足します。補助機関車を連結しても十分な輸送力を確保することができません。そこで最急勾配を一〇〇〇分の一〇に抑えるという目標で工事が進められ、大津―京都間では新逢坂山《おうさかやま》、東山の二つの長いトンネルを掘って、ほぼ直線で大津と京都とを結び、それまでのルートに比べると大幅に距離を短縮しました。これと同じ目的で計画されたのが国府津《こうづ》―沼津間の改良で、御殿場《ごてんば》回りの一〇〇〇分の二五の路線を、熱海《あたみ》回りで一〇〇〇分の一〇の路線として、距離も短縮することを目的としていました。この改良工事では熱海—三島間の丹那《たんな》トンネルをはじめ、多くのトンネル工事が必要となり、とくに丹那トンネルは、富士火山脈の下をくぐるために難工事を強いられ、一九三四年の完成までに一七年という長い年月と、六七人の犠牲者を出す結果となりました。

トンネル掘削技術の進歩

しかし、トンネル掘削の技術はこの時期に飛躍的な発展を遂げ、七〇〇〇メートルを超える長いトンネルの工事が可能となりました。このようなトンネル掘削技術の進歩も、こうした短絡線の建設を実現する要素として重要な意味をもったのです。たとえば高崎から長岡に出る上越線は、上越国境の清水トンネル（九七〇二メートル）によって、東京から長野、直江津《なおえつ》を回って新潟に達していた信越本線ルートを一挙に一〇〇キロ余りも短縮してしまいました。熊本—鹿児島間で人吉《ひとよし》、吉松《よしまつ》と山間部を通り、大畑《おこば》のループ線やスイッチバックなどで一〇〇〇分の三三という難所を越えなければならなかった鹿児島本線も、出水《いずみ》、水俣《みなまた》経由の海岸線を建設することによってルートを変更し、急勾配の負担から解放されました。

鉄道システムの高度化

このようにして幹線の改良を進めるとともに、線路の規格を統一し、輸送量に応じてランクづけをする建設規程が定められ、停車場のさまざまな施設の規格と関連を密接にすること、さらに信号保安設備もこのようなランクづけに見合うかたちのものとし、同時に自動化を進めること、こうして鉄道施設のシステムは、それまでと比較にならないほど高度のものとなっていきました。そのように高度化された線路を走る車両もまた自立態勢を確立して同様の発展を遂げていきました。

車両製作の民間依託

機関車の全面国産化と同時に機関車の製作は、すべて民間の工場に発注するという方針が立てられました。外注方式です。これはなぜかというと、国内における重工業の基礎を固めるためにも、重工業製品である蒸気機関車は、鉄道部外の工場で製作することが望ましいという考え方によるもので、汽車製造会社、日本車輛、三菱の造船所などのいくつかのメーカーを指定したのです。それらのメーカーは、カルテルを形成して、毎年発注される機関車はどこのメーカーが何両引き受けるかということを、あらかじめ談合します。そのようなカルテルによって、鉄道車両の製作工場は大資本に成長し、非常に大きな規模の資本として成立することになります。したがって鉄道部内の工場が行なうのは鉄道車両の修理のみに限るという原則が、このときに立てられていきます。機関車にならって、客車や貨車も国鉄部外の工場、民間企業に発注するという体制がこのとき作られていきます。

民間企業の技術の発展

このような車両製作の部外発注制度は、民間企業の規模を大きくしていくだけでなく、車両製作技術を通じて日本の機械工業技術を高めていくという点でも大きな役割を果たしました。鉄道技術の発達は、単に鉄道の技術が発達するというだけではなく、常に機械工業や電気工業などの技術の発展と結び付いています。ですから車両の規格化という要請から始まり、貿易収支の改善という要請と並んで、車両の国産化を図っていくという仕事が、実際には日本の技術水準を高めていくという結果をもたらしました。

一九一〇年代の前半には、産業革命が進行し、各部門で技術革新が進みました。しかもそれは、日本の社会構造を変えていく基本的な効果をもたらすような産業革命になりました。そして車両技術の確立は、そのような産業革命の一環として進められていたのです。

運転技術の向上

技術の向上という点から見ると、もうひとつ運転技術の向上という点を忘れてはならないと思います。運転技術の向上は、ただ単に列車の速度を引き上げていくというような問題ではなくて、列車の速度を引き上げるためには、たとえば大きな出力をもった車両をつくるというだけではなく、効率のよいブレーキの出現を待たなくてはならないことでもあります。また、車両の連結器をすべて自動化する、それから信号保安設備の作業も自動化していかなければなりません。要するにブレーキ、連結器、信号保安設備、それにもうひとつ、重いレール、重軌条の採用といった条件を実現しなければ列車サービスの向上は実現できません。そして、この四拍子が一九二〇年代の終りまでにほぼ実現していったということも考えておく必要があるのではないでしょうか。

ブレーキは空気ブレーキの採用とその国産化というかたちで実現します。連結器の交換は一九二五年にいっせいに行なわれました。信号保安設備は、とくに複線である幹線で一九三〇年までにほぼ実現していきます。重軌条化は一九二八年までに五〇キロレールの国産化が実現します。こういった四拍子がそろって運転速度の向上が実現し、とくに貨物列車の重量が重くなります。それまでの四〇〇トンの貨物列車が一挙に九〇〇トンまで引き上げられるというようにして、重い貨物列車を走らせることができるようになります。それが列車サービスの向上につながります。ですから運転技術の向上は、ただ単に機関車を動かすだけという運転技術の向上にとどまらないすべての技術を総合したかたちで、はじめて実現するということを考えておかなければなりません。また、そのような運転技術の向上が今いったように一九二〇年代の終わりまでにほぼ実現する条件を整えていき、そのうえで一九三〇年の東京—神戸間の特急「燕《つばめ》」の運転が始まったのです。

鉄道技術の頂点と自動車の台頭

このようにして、一九三〇年から一九三七年の時期に、つまり特急「燕」の運転開始から丹那トンネルの完成、一九三七年の時刻改正にかけて日本の鉄道技術はひとつの頂点をきわめました。導入以来六〇年にして、日本の鉄道は利用者の要求に対応する輸送力と運転体系を整えたのです。

しかし、このときすでに自動車という競争相手が力を伸ばしてきました。しかもそれまでのような鉄道企業の自由競争は多くの弊害を生み、自動車などに対抗できなくなるという問題が生じていました。みずから線路を運転することもなく道路を走る自動車は、投下資本から見ても、その機動性から見ても、鉄道にとって強敵でした。鉄道企業はバス、トラックの導入によって、その弱点を克服する努力を始めましたが、当時は自動車との対抗関係を正面からとり上げることは不十分でした。

快適さの追求

それよりも一九三七年までに鉄道は、単にたくさんの人や物を速く、安全に運ぶという、大量、高速、安全という本来の機能のほかに、快適という要素を追求していきました。寝台車、食堂車といった車種の増加は一九〇〇年代に始まっていましたが、これらは割増の料金を必要とします。そうではなくて、三等車の座席を広くとり、背もたれの木板をモケット張りに変えるとか、電車を大型のものにして座席に余裕をとるとか、また中・長距離の電車は、いわゆるクロスシートとしてゆったりできるようにしておき、さらに便所・洗面所の設備をつけるとか、国鉄・私鉄ともにそうしたサービスを整えました。車両の外観に流線型を採用して注意をひくとか、または二色の塗り分けをして目立たせるとかの方式は、多分いわゆる客寄せをはかる経営方針の現われというべきでしょうが、そこには当時の流行語でいうスマートを求める風潮、いわゆるモダニズムの流れが反映していました。つまり、鉄道が利用者に歩み寄っていく姿勢を示したのです。それは鉄道の歴史のなかで、はじめて現われた姿勢でした。快適な鉄道のイメージが、一面では利用者本位の設備を生み、他方では当時の恐慌・不景気による減収に対する対策として生まれてきたのです。

それは、鉄道が人びとの生活の中にしっかりと根をおろし、生活に欠くことのできない移動・輸送の手段となったことを示していました。しかも鉄道はそこからさらに進んで、車両のデザインや塗色などを通じて、狭い意味での文化の担い手として、人びとをひきつける機能をもつようになっていたのです。

しかし、一九三七年に始まった日中戦争以降、その翌年に国家総動員法が公布されて総力戦体制が実施されると、「鉄道は兵器」というスローガンが力を得ていきました。自動車との対抗関係をふり返る余裕もなくなってしまいました。この本では紙数の関係もあって現在までの鉄道の歩みを全部扱うことができませんので、本論は、鉄道の歴史の前半に当たるこの時期で打ち切り、戦中から戦後にかけての概説を含めて、この本のまとめとしたいと思います。

戦争から再建へ――鉄道の使命

自動車の進出と鉄道経営

かつて一九一四年（大正三）から鉄道院運輸局長として、国有鉄道の経営近代化に大きな功績を残した木下淑夫は、同じ時期に工作局長・技官をつとめた島安次郎とともに、鉄道の歴史の中で記憶されるべき人物としてその名を逸することができませんが、その木下が晩年に書いたいくつかの論文は、彼の没後、先輩・友人によって『国有鉄道の将来』という単行本として刊行されました。その中で、木下が一貫して述べているのは、あらたに陸上交通機関として登場してきた自動車に対して、鉄道がどのように対応すべきか、そして自由競争に時代が変わった状況のもとで、鉄道経営をよくする方策はどのようにあるべきか、という点でした。米国で近代的な鉄道経営について学んだ木下は、鉄道の経営的・社会的役割を本格的にとらえ、五〇年、一〇〇年先の鉄道のあり方を常に見通す立場をとっていたのです。木下によって、鉄道経営の基本的な枠組みは完成されたというべきですし、その点で日本の鉄道は導入半世紀にして、独自の経営方策を確立したということができます。

その木下が亡くなったのは、一九二三年九月六日、関東大震災が起こって六日目でした。その木下の予想は、没後一〇年もたたないうちに、日本の鉄道にとって大きな課題となってきました。一九二八年、鉄道省は、それまで逓信省が持っていた陸上交通についての監督権を持つようになりました。それは鉄道省が自動車についての監督権を持つこととなって、鉄道が優位に立ったように見えます。しかしその本質は、当時すでに総力戦体制を考えていた軍部が、戦争にさいして、交通運輸が政府によって一括して把握することができるように要求していた方策によるものでした。この時から、すでに戦時体制を予測した方策がとられたのであって、鉄道の独自性や主体性は危機に直面し始めていたのです。一九三一年に自動車交通事業法が公布されて、鉄道省がこれを管轄し、鉄道省は交通政策全般について立体的な立場に立つことができるようになったのですが、しかしこの年満州事変が開始されて、戦争への道はさらに拍車がかけられることになりました。そこから戦時体制に適応する交通体制の要請が生まれてきます。

すでに欧米各国では、かつての自由競争から、政府による陸上交通の統制作業が着手されていましたが、日本の場合には、それ以前の一九二〇年代から、鉄道経営の危機が、とくにいわゆる私鉄の間で叫ばれるようになっていました。一九三〇年代に入ると、大都市周辺の電鉄は、恐慌によって減収が続き、それ以外の各地方の鉄道は、とくに自動車の進出によって経営が悪化しました。前者は遊園地、デパート、宅地分譲などの多角経営によって業績の悪化を切り抜けようとしました。しかしその他の地方の鉄道は、バスやトラックの進出によって経営が悪化するのを防ぎようがありませんでした。また大都市では、路面電車がすでに高速電車やバス、タクシーによって輸送の主導権を奪われるという事態が起こっていました。そこで一九三〇年代半ばになると、これらの企業を地域ごとにまとめ、競争力のある経営体をつくるという趣旨から、交通事業調整法の制定が急がれました。この法律は一九三八年（昭和一三）に公布されますが、地域でまとめるといっても、企業同士の利害が対立したりして、思うようにまとまりません。東京では、鉄道省と東京市との対立が解けずに、結局、都市交通機関の統合は失敗しました。そして地域ごとの統合が、東京急行電鉄とか、西武鉄道とか、東武鉄道とか、京成電気鉄道といったかたちで成立しましたが、このような統合が成立したときには、太平洋戦争が開始されて、戦時輸送のための交通統制が要求され、企業としての独自の活動は不可能な状態となってしまいました。この交通事業の調整段階から交通統制の段階にかけてでも、企業の利害による対立や乗っ取りが行なわれたりして、十分な効果をあげることは難しいのが実情でした。このような企業の利害による動きは、第二次大戦後まで持ち越され、自動車交通まで含めた公共的な立場からする交通政策の確立はいつも困難な状態におかれることになりました。木下淑夫の長期的な見通しは当たっていたというべきでしょうが、彼が目指していた国内交通の基本的なあり方は、いまも実現しているとはいえません。

戦時輸送体制

もうひとつ見逃してならない点は、戦時輸送のための方策です。総力戦体制は、飛躍的な輸送力の増強を鉄道に求めました。それをこえて構想された計画の代表的なものに、東京―下関間の新幹線計画がありました。当時「弾丸列車」と呼ばれたこの計画は、一九三九年に基本計画が立てられたのですが、国際標準軌間の複線の線路を建設し、東京―下関間を九時間で運転する高速列車の体系をつくるというものでした。日本が支配していた中国東北部の南満州鉄道は、一九三四年から特急列車「あじあ」の運転を始めていました。当時、欧米で流線形列車による高速運転が流行しており、「あじあ」もその流れのひとつと見られますが、ここで構想された新幹線も、そのような流れのひとつとしての一面を持っていました。しかし同時に、この新幹線は、朝鮮海峡にトンネルを掘って、日本とアジア大陸とを直通するという構想を持ち、それはそのまま戦時体制の一環という性格を持つものとされていたのです。ナチス・ドイツのヒトラーは、第二次大戦が開始されると、ソ連を含むドイツ周辺とドイツとの間に、三メートル軌間の鉄道を建設し、ドイツに大量の物資を運び込む計画を立てていました。日本の新幹線は、この三メートル軌間の鉄道と同じ役割を持つようになったかどうかは分かりませんが、しかし、このような鉄道と類似の性格を持つ鉄道となったかもしれません。この新幹線は一九四三年度には、太平洋戦争の戦局が日本に不利になってきたため工事が中止されました。戦後の東海道・山陽新幹線は、この新幹線の生まれ変わりと見ることができます。

　このような戦時輸送の体制は、一九四〇年に陸運統制令が公布され、それが翌年に全面改正されると、交通運輸企業の自主性をほとんど認めないほど強力な統制法規となり、計画輸送の名のもとに、戦時輸送を実施することとなりました。しかし、その実施は、労働力や資材の不足によって、計画どおりの輸送は不可能という事態に追い込まれていったのです。たとえば軍事輸送にとって必要な時に、いつでも車両を徴発できるとか、軍需品の輸送のための運賃の支払いなども国の定める条件に従わなくてはならないなどですが、もし必要であれば、各私鉄企業を国が買収して国有化することができるというところにその目的がありました。この交通統制は、たとえば東京周辺でいうと、南武鉄道や鶴見臨港鉄道など私鉄の企業を全部国有化してしまいました。大阪周辺でいうと、阪和電気鉄道は交通調整によって南海鉄道が合併していたのですが、これを南海鉄道から切り離して国有化し、阪和線にしてしまいました。これは沿線に演習場や大阪陸軍幼年学校があるからという理由によるものでした。だいたい一九四三年から四四年にかけて、このように国有化が進められ、残された私鉄についても、経営方式は完全に国の主導によって、それまでの自由な経営のあり方が認められなくなってくるというような非常に厳しい統制が加えられていきました。

それからまた、戦時輸送にとって必要な場合には、異なる企業の鉄道と鉄道を結ぶ連絡線を造るという要請も実行されました。たとえば東京の新宿駅では小田急線と総武下り線の間に連絡線が造られました。必要な場合にはそこに応急用の車両を走らせるというのです。ですから存続した私鉄についても、経営の自由はほとんど認められないというほど苦しい状況が生まれていくことになりました。ですからこの交通事業統制による合同と、それから最終的な軍事輸送を実現するためのこの二つの段階がお互い入り組んでいて、交通事業統制は太平洋戦争の段階まで入り込んでいきます。

旅行者への規制

　このような状況のもとで、旅行は厳しい制限をうけることになりました。一九三〇年代までは、旅客誘致という経営上の方針から、ハイキング、登山、スキー、海水浴のための旅行が宣伝されました。しかし日中戦争が始まると、初期の頃には「敬神崇祖」といった国体観念を推奨するスローガンが唱えられて、それが旅行の宣伝に使われましたが、一九四一年以降はそれも姿を消し、近距離旅行者に対する急行列車の乗車制限や、三等寝台車の連結中止、年末年始の旅行制限などが始まり、一九四四年四月一日からは、一〇〇キロ以上の旅行は、旅行統制官による旅行証明がなければ乗車券が入手できないという状態となりました。そして一九四五年には本土決戦を前に、国内では東海道・山陽本線を除いて、ほとんどの急行列車が廃止されました。このような状態で、自由な旅行はまったく不可能となりました。それは、旅行手形を持たなければ長距離の旅行ができなかった近世の旅行制限の再現というべきでしょう。

　このように制限が加わるなかで、人々が身につけたルールがひとつありました。それは切符を買うとき、列車を待つときに一列に並ぶという先着順のルールです。利用者の側から自然に生まれたか、または当時駅などに貼り出された「一列励行」というスローガンから見ると、鉄道企業の側から奨励したとも考えられますが、当時は配給物資を手に入れるときも一列に並ぶ習慣が生まれていましたから、あながち鉄道だけのルールではなかったと思われます。このルールは戦後も守られ（地域によってはまったく守られないところもあります）、ブランド商品を買う若い人々の列にも引き継がれています。これは市民社会における権利保障のひとつの方式として注目してよいものではないでしょうか。

事故の多発と女性の採用

鉄道は、太平洋戦争の末期になると、戦争によるさまざまな被害をこうむるようになりました。この被害はまず第一に施設や資財が非常に窮屈になってくるというところから、事故の多発というかたちで始まります。たとえばブレーキの破損による事故であるとか、車輪がそれまでの円形を維持できなくなって起こる事故、そしてD五二形機関車のボイラーの爆発事故というような事故が起こります。また労働者の居眠りとか不注意といった事故が続発する。非常に労働環境が悪くなってきて、注意力を維持できなくなってくることによる事故、とくに運転事故にそれが顕著に出てきます。たとえば女性が車掌や運転士に採用されました。一見男女同権の実現に見えますが、労働力の不足がその原因でした。そういった人々は、今までまったく鉄道に関係のない仕事をしていた人々で、わずか二、三ヵ月の訓練で現場に出たのです。その程度の訓練で仕事をすることはほとんど不可能なのですが、そういった人々でも現場に出なければならないという切迫した事態が起こっていたのです。ほんとうの意味での男女同権の実現ではありませんでした。

本土空襲による被害

その次に出てくるのが、本土空襲による被害です。この本土空襲による被害は、一九四四年一一月から本格的に始まっていきます。最初のうちは軽いものが多かったのですけれども、一九四五年三月一〇日の東京大空襲以後、直接線路を破壊するだけではなく、車両を破壊する、または車両を焼いてしまうという被害が広がっていきます。線路の復旧は日本の鉄道の場合は非常に早いのですが、車両が焼かれることから起こる輸送力の低下は、きわめて深刻なものがあります。井の頭《かしら》線の永福町《えいふくちょう》駅は五月二四日か二五日の空襲で焼かれます。そしてこの時は非常に不注意もあったかと思いますが、終電車以後の車両をほとんどすべて永福町の車庫に入れていたため、井の頭線の車両は二、三両を残してすべて焼かれてしまいました。この頃になると、車両を車庫に入れるな、車両はどこかの駅の側線に分散させておけ、という措置がとられていたのですけれど、それでもなおかつ車両の被害が大きかったのです。そして車両の中でも最も被害率の高かったのは電車でした。この井の頭線のように八〇〜九〇％という被害がでてしまう線区もありました。そこから生じてくる輸送力の限界、これはもう回復不能という状態を呈していました。そして空襲の被害の行き着く先は、駅そのものの破壊です。一九四五年八月一四日の空襲で、大阪の城東線の森の宮の駅が大きな被害を受け、ほとんど回復不能とされてしまいました。数ヵ月間営業ができなくなるという爆弾による被害もありました。東京の場合でも、この年一月二七日に有楽町《ゆうらくちょう》駅で東海道線の線路が直撃されて、ラーメン（鉄骨コンクリートの骨組み）が一つ壊されてしまった結果、列車の運行は再開されますけれども、四六年の終わり頃まで運転速度を時速四〇キロ以下に落とさないと通過できないという結果につながってしまいました。そのようなかたちで、戦時体制の最末期には輸送力が激減していきました。

本土決戦計画と鉄道の壊滅

その上に、一九四五年二月以降、陸軍による本土決戦計画が立てられていきました。これにより、連合軍が上陸してくると予想される地域に、どのようなかたちで兵力を集中するか、そのために鉄道の組織は全面的に軍の指示によって動かなければならないという体制がとられていきます。鉄道義勇戦闘隊という組織を作って、それまでの鉄道の組織を国鉄・私鉄を通じて軍事組織として運営するという方策が立てられ、さらに七月以降、そのような鉄道義勇戦闘隊が鉄道を動かしていくという体制が作られていきます。そして鉄道は作戦輸送のための組織に編成替えさせられていきます。作戦鉄道ということになれば、いつでも上陸してきた敵軍によって、あるいは空襲によって、破壊されることを前提として鉄道を維持していかなくてはなりません。そのために、たとえば一番破壊されやすい橋梁については迂回橋を造る。東海道本線の大井川橋梁にしても、上流に新しい橋を造って輸送の安全を確保する。一つの橋が壊されても、もう一つの橋を造って維持するというような方式をとる。それからまた機関区や操車場には、機関車を爆撃から防ぐために掩体壕《えんたいごう》を造る。このほか駅の施設や車両には迷彩を施して上空から見えにくくする。白黒斑《まだら》の機関車が登場してくるという事態も起こっていきます。

このようにして、鉄道が兵器に準ずる組織または機材として使われるというような新しい事態が七月から八月にかけて現われます。ですから戦争の終結は、鉄道が完全な作戦組織として運営され始めたところで終わったということになります。最終的な段階まで鉄道は追い込まれていたということになります。沖縄の場合には、沖縄にあった県営鉄道が、一九四四年に第三二軍が沖縄に入って防備体制を固めると同時に、全部廃止されて撤去されてしまいました。沖縄の場合には、それまであった鉄道が作戦鉄道の役割を果たすことができないと判断されたのです。しかし、本州・九州・四国・北海道の場合には、そういった措置がとられることなく、本土決戦用の兵力輸送手段として使われていきました。そのようなところに新しい存在理由を持たされていくわけです。そして鉄道は作戦輸送機関として、軍隊の一部として使われるという体制が加えられていきます。

敗戦と鉄道の再生

一九四五年八月一五日敗戦の日も、日本の各地で列車は走り続けていました。機関車が鳴らす汽笛は、打ちひしがれた人々を勇気づけたといわれます。創業から七五年、せっかくつくり上げた鉄道は、戦争によって満身創痍《まんしんそうい》といってよい状態になっていました。無意味で愚かな戦争は、鉄道を果たして立ち直ることができるだろうかというところにまで追いつめたのです。しかし敗戦の日も列車は走り続けていました。その一〇日ほど前の八月六日、広島に原子爆弾が投下された日に、広島付近では負傷者や罹災者を運ぶ救援列車が走りました。八月九日長崎に原子爆弾が投下された日も同様でした。運転できなくなった定期列車を即座に救援列車に仕立てて、被災地にできるだけ接近し、機関車乗務員も車掌も力を合わせて負傷者を客車にかつぎ上げ、列車を運転して病院に運んだのです。そこでは誰彼といわず人の生命を守るために働く、近代交通機関の本来の姿がありました。痛めつけられた鉄道は、敗戦の日を待つことなく、すでに再生の道を歩み始めていたのではないでしょうか。戦後の鉄道は、このような鉄道に働く人々の手によって再生の道を進んでいったのです。

そしてこのことは、戦後日本の社会・経済の再生のカギを鉄道がにぎるという、鉄道の使命を示していました。七〇年前に異文化として導入された鉄道は、日本の最大の危機という条件の下で、その存在理由を明確に示したというべきでしょう。

あとがき

この本は、わたくしが和光大学経済学部で担当している演習「日本近代史」の一九九五年度授業で、学生諸君に講述したテープ記録の一部を起こしたものです。紙数の都合で、ほぼ前半部にあたる第二次大戦までをまとめ、戦後の分は割愛しました。本にまとめるために、全体の編成を組み替えたり、内容を補ったり、また講述の中でつけていた注釈を一部削ったりしました。

この本では、読みやすさを考えたこともあって、参考文献などを挙げないことにしました。さらに鉄道について考えたいという方は、『日本の鉄道』（日本歴史叢書、吉川弘文館、一九九一年）や『鉄道史研究試論』（日本経済評論社、一九八九年）を御覧ください。またこの本では、重さや長さの単位は㌔などの省略方式をとりました。

毎回授業に出席して、わたくしの話をテープにとり、それをワープロで原稿に起こす煩雑な仕事を最後までしてくださったのは、和光大学の卒業生で、今は出版、編集の仕事をしている木本淳さんです。木本さんの労苦にはお礼の言葉もないほどです。また同じ卒業生の高橋郁夫さんからはいくつものアドバイスをいただきました。高橋さんにもお礼を申し上げます。この本を吉川弘文館の歴史文化ライブラリーの一冊としてまとめることを勧めてくださった同社の上野純一さんは、怠惰なわたくしを激励して、この本の完成に漕ぎつけるよう導いてくださいました。上野さんにも厚く御礼申し上げます。

一九九八年三月

原　田　勝　正

著者紹介

一九三〇年、東京市に生まれる
一九五三年、東京大学法学部政治学科卒業
現在、和光大学教授

主要著書

鉄道の語る日本の近代　満鉄　駅の社会史
日本の鉄道　鉄道史研究試論　汽車から電車へ

歴史文化ライブラリー
38

鉄道と近代化

一九九八年四月一日　第一刷発行

著　者　原《はら》田《だ》勝《かつ》正《まさ》

発行者　吉川圭三

発行所　株式会社 吉川弘文館
東京都文京区本郷七丁目二番八号
郵便番号一一三―〇〇三三
電話〇三―三八一三―九一五一〈代表〉
振替口座〇〇一〇〇―五―二四四

印刷＝平文社　製本＝ナショナル製本
装幀＝山崎　登（日本デザインセンター）

歴史文化ライブラリー

1996.10

刊行のことば

現今の日本および国際社会は、さまざまな面で大変動の時代を迎えておりますが、近づきつつある二十一世紀は人類史の到達点として、物質的な繁栄のみならず文化や自然・社会環境を謳歌できる平和な社会でなければなりません。しかしながら高度成長・技術革新にともなう急激な変貌は「自己本位な刹那主義」の風潮を生みだし、先人が築いてきた歴史や文化に学ぶ余裕もなく、いまだ明るい人類の将来が展望できていないようにも見えます。このような状況を踏まえ、よりよい二十一世紀社会を築くために、人類誕生から現在に至る「人類の遺産・教訓」としてのあらゆる分野の歴史と文化を「歴史文化ライブラリー」として刊行することといたしました。

小社は、安政四年(一八五七)の創業以来、一貫して歴史学を中心とした専門出版社として書籍を刊行しつづけてまいりました。その経験を生かし、学問成果にもとづいた本叢書を刊行し社会的要請に応えて行きたいと考えております。

現代は、マスメディアが発達した高度情報化社会といわれますが、私どもはあくまでも活字を主体とした出版こそ、ものの本質を考える基礎と信じ、本叢書をとおして社会に訴えてまいりたいと思います。これから生まれでる一冊一冊が、それぞれの読者を知的冒険の旅へと誘い、希望に満ちた人類の未来を構築する糧となれば幸いです。

吉川弘文館

〈オンデマンド版〉
鉄道と近代化

On Demand
歴史文化ライブラリー
38

2017年（平成29）10月1日　発行

著　者　原《はら》田《だ》勝《かつ》正《まさ》
発行者　吉川道郎
発行所　株式会社　吉川弘文館
〒113-0033　東京都文京区本郷7丁目2番8号
TEL　03-3813-9151〈代表〉
URL　http://www.yoshikawa-k.co.jp/

印刷・製本　大日本印刷株式会社
装　幀　清水良洋・宮崎萌美

原田勝正（1930〜2008）

ISBN978-4-642-75438-5